"十四五"国家重点出版物出版规划项目
交通运输科技丛书·公路基础设施建设与养护
跨海交通集群工程智能化运维系列丛书

跨海长大桥隧应急体系设计与安全营运实践

景强 靳引利 刘坤 傅挺 刘兴旺 编著

人民交通出版社

北京

内 容 提 要

本书主要介绍了港珠澳大桥的数字化应急技术。首先,分析了跨海桥岛隧集群工程的营运环境特点、突发事件风险、突发事件应急需求,归纳出了港珠澳大桥突发事件应急目标;其次,以应急技术视角,回顾了应急技术的演变历程及不同领域应急技术的发展现状,总结了公路交通应急新技术并阐述了港珠澳大桥在应急管理实践中的理念创新;接着,从应急常态化管理、应急响应、应急处置、灾后恢复方面介绍了港珠澳大桥智能化的应急处置策略;然后,介绍了港珠澳大桥在智能化应急中所用到的关键技术并给出了实施路径;最后,从工程角度展示了港珠澳大桥智能化应急系统。

本书可供公路交通应急领域的科研工作者、高速公路运营管理者以及工程师在其研究和工作中参考使用。

图书在版编目(CIP)数据

跨海长大桥隧应急体系设计与安全营运实践 / 景强等编著. — 北京:人民交通出版社股份有限公司,2024.8

(跨海交通集群工程智能化运维系列丛书)

ISBN 978-7-114-19288-3

Ⅰ.①跨… Ⅱ.①景… Ⅲ.①跨海峡桥—桥梁工程—隧道工程—工程管理—研究 Ⅳ.①U448.19

中国国家版本馆 CIP 数据核字(2024)第 026213 号

Kuahai Chang Da Qiaosui Yingji Tixi Sheji yu Anquan Yingyun Shijian

书　　名:	跨海长大桥隧应急体系设计与安全营运实践
著 作 者:	景　强　靳引利　刘　坤　傅　挺　刘兴旺
责任编辑:	朱伟康　黎小东　潘艳霞
责任校对:	刘　芹
责任印制:	刘高彤
出版发行:	人民交通出版社
地　　址:	(100011)北京市朝阳区安定门外外馆斜街 3 号
网　　址:	http://www.ccpcl.com.cn
销售电话:	(010)59757973
总 经 销:	人民交通出版社发行部
经　　销:	各地新华书店
印　　刷:	北京市密东印刷有限公司
开　　本:	787×1092　1/16
印　　张:	13.25
字　　数:	210 千
版　　次:	2024 年 8 月　第 1 版
印　　次:	2024 年 8 月　第 1 次印刷
书　　号:	ISBN 978-7-114-19288-3
定　　价:	80.00 元

(有印刷、装订质量问题的图书,由本社负责调换)

交通运输科技丛书编审委员会

(委员排名不分先后)

顾　　问：王志清　汪　洋　姜明宝　李天碧
主　　任：庞　松
副 主 任：洪晓枫　林　强
委　　员：石宝林　张劲泉　赵之忠　关昌余　张华庆
　　　　　郑健龙　沙爱民　唐伯明　孙玉清　费维军
　　　　　王　炜　孙立军　蒋树屏　韩　敏　张喜刚
　　　　　吴　澎　刘怀汉　汪双杰　廖朝华　金　凌
　　　　　李爱民　曹　迪　田俊峰　苏权科　严云福

跨海交通集群工程智能化运维系列丛书
编审委员会

主　　　任：郑顺潮

副 主 任：（排名不分先后）

    陈　纯　　张建云　　岳清瑞　　叶嘉安

    滕锦光　　宋永华　　戴圣龙　　沙爱民

    方守恩　　张劲泉　　史　烈　　苏权科

    韦东庆　　张国辉　　莫垂道　　李　江

    段国钦　　景　强

委　　　员：（排名不分先后）

    汤智慧　　苗洪志　　黄平明　　潘军宁

    杨国锋　　蔡成果　　王　罡　　夏　勇

    区达光　　周万欢　　王俊骅　　廖军洪

    汪劲丰　　董　玮　　周　波

《跨海长大桥隧应急体系设计与安全营运实践》编写组

丛书总主编：景　强

主　　　编：景　强　靳引利　刘　坤　傅　挺

　　　　　　刘兴旺

参　　　编：（排名不分先后）

　　　　　　高　鹏　程盛昆　陈永胜　郑向前

　　　　　　曹汉江　谭钜源　宋小东　周　妮

　　　　　　常　林　李林蔚　李　洋　杨　光

　　　　　　侯米娜　王鸣远

编 写 单 位：港珠澳大桥管理局

　　　　　　长安大学

　　　　　　交通运输部公路科学研究所

　　　　　　同济大学

总序 GENERAL FOREWORD

　　科技是国家强盛之基，创新是民族进步之魂。中华民族正处在全面建成小康社会的决胜阶段，比以往任何时候都更加需要强大的科技创新力量。党的十八大以来，以习近平同志为核心的党中央做出了实施创新驱动发展战略的重大部署。党的十八届五中全会提出必须牢固树立并切实贯彻创新、协调、绿色、开放、共享的发展理念，进一步发挥科技创新在全面创新中的引领作用。在最近召开的全国科技创新大会上，习近平总书记指出要在我国发展新的历史起点上，把科技创新摆在更加重要的位置，吹响了建设世界科技强国的号角。大会强调，实现"两个一百年"奋斗目标，实现中华民族伟大复兴的中国梦，必须坚持走中国特色自主创新道路，面向世界科技前沿、面向经济主战场、面向国家重大需求。这是党中央综合分析国内外大势、立足我国发展全局提出的重大战略目标和战略部署，为加快推进我国科技创新指明了战略方向。

　　科技创新为我国交通运输事业发展提供了不竭的动力。交通运输部党组坚决贯彻落实中央战略部署，将科技创新摆在交通运输现代化建设全局的突出位置，坚持面向需求、面向世界、面向未来，把智慧交通建设作为主战场，深入实施创新驱动发展战略，以科技创新引领交通运输的全面创新。通过全行业广大科研工作者长期不懈的努力，交通运输科技创新取得了重大进展与突出成效，在黄金水道能力提升、跨海集群工程建设、沥青路面新材料、智能化水面溢油处置、饱和潜水成套技术等方面取得了一系列具有国际领先水平的重大成果，培养了一批高素质的科技创新人才，支撑了行业持续快速发展。同时，通过科技示范工程、科技成果推广计划、专项行动计划、科技成果推广目录等，推广应用了千余项科研成果，有力促进了科研向现实生产力转化。组织出版"交通运输建设科技丛书"，是推进科技成果公开、加强科技成果推广应用的一项重要举措。"十二五"期间，该丛书共出版72册，全部列入"十二五"国家重点图书出版规划项目，其中12册获得国家出版基金支持，6册获中华优秀出版物奖图书提名奖，行业影响力和社会知名度不断扩大，逐渐成为交通运输高端学术交流和科技成果公开的重要平台。

"十三五"时期，交通运输改革发展任务更加艰巨繁重，政策制定、基础设施建设、运输管理等领域更加迫切需要科技创新提供有力支撑。为适应形势变化的需要，在以往工作的基础上，我们将组织出版"交通运输科技丛书"，其覆盖内容由建设技术扩展到交通运输科学技术各领域，汇集交通运输行业高水平的学术专著，及时集中展示交通运输重大科技成果，将对提升交通运输决策管理水平、促进高层次学术交流、技术传播和专业人才培养发挥积极作用。

当前，全党全国各族人民正在为全面建成小康社会、实现中华民族伟大复兴的中国梦而团结奋斗。交通运输肩负着经济社会发展先行官的政治使命和重大任务，并力争在第二个百年目标实现之前建成世界交通强国，我们迫切需要以科技创新推动转型升级。创新的事业呼唤创新的人才。希望广大科技工作者牢牢抓住科技创新的重要历史机遇，紧密结合交通运输发展的中心任务，锐意进取、锐意创新，以科技创新的丰硕成果为建设综合交通、智慧交通、绿色交通、平安交通贡献新的更大的力量！

2016年6月24日

序 |FOREWORD|

  港珠澳大桥因其超大的建筑规模、空前的施工难度、顶尖的建造技术和创新的工程理念而闻名于世。在大桥的设计与建设阶段，针对未来的安全营运问题就受到各级领导的高度重视，开展了大量扎实有效的工作。大桥建成通车后，运营管理团队仍然不断强化安全技术与管理保障，开展了大量前瞻性的研究工作，期望将安全营运管理水平进一步提高，守护好祖国的"海上巨龙"。

  跨海大桥的安全营运问题所涉及的要素十分庞杂，既包括运输系统本身的人、车、路、桥、岛、隧等复杂要素，又包含气候、洋流、桥梁水下构造、水面船只等环境要素，监测范围广、管理难度大。在业务管理上，还涉及海事、公安、消防、医疗、气象等多个独立运行的业务协作部门。针对如此庞大的复杂体系，要实现港珠澳大桥的高效安全营运，面临着巨大的挑战。

  数字化与智能化技术是解决复杂系统管理问题的重要工具。21世纪以来，信息技术快速发展，从单机应用到网络应用，从传统的"有线""专有"的计算机网络，到现代的"广域""移动""泛在"的互联网络，从简单的数据统计到大规模的数据挖掘，从核心业务处理到大数据人工智能交互，这些过程的主角都是"数字"，每一项变化都在产生数字、应用数字、阐释数字。"数字化"和"智能化"是当今时代的技术主脉搏，通用数字化技术的发展为提升大桥安全营运管理水平提供了基本的支撑。

  本书抓住大桥"智能化运维"主题，以"研究探索"和"落地应用"为目的，紧扣"数字化转型"的技术变革时代特征与"智能化"发展方向，整体性、工程化开展"数字大桥"实践，内容覆盖大桥营运的全环节和全链条。全书以应急处置业务为总抓手，按照应急体系"事前、事发、事中、事后"的阶段划分，从信息化、数字化、管理体系、应急体系流程、跨海大桥体系构造、日常管养六个维度开展研究，从科学问题、处理方法、落地技术、工程实现四个方面开展工作，建立了跨海大桥运维管理"产、学、研、用"协同机制，形成了安全营运较为完整的解决方案。

在项目的研究过程中，本书作者充分利用数字化技术，实现了"数字大桥"与实体大桥营运的孪生映射，通过一套应急管控体系同时作用于实体大桥和"数字大桥"，实现了在孪生体系中用沉浸交互式"演练"落实平时演练，这是项目在应急业务方面的重要创新。该著作系统地表达了项目组在跨海大桥营运管理过程中安全应急业务的理念创新及其实现方法，对跨海大桥等交通基础设施的安全营运管理有重要的借鉴价值。

2024 年 4 月 16 日

前言 PREFACE

  港珠澳大桥地处珠江口伶仃洋海域，是现今世界上建设规模最大、营运环境最复杂的跨海集群工程，代表了我国跨海集群工程建设的最高水平。为攻克跨海重大交通基础设施智能运维技术瓶颈，示范交通行业人工智能和新基建技术落地应用，港珠澳大桥管理局统领数十家参研单位，依托国家重点研发计划"港珠澳大桥智能化运维技术集成应用"、广东省重点领域研发计划"重大跨海交通集群工程智能安全监测与应急管控"、交通运输领域新型基础设施建设重点工程"数字港珠澳大桥"、交通强国建设试点任务"用好管好港珠澳大桥"等开展技术攻关，将港珠澳大桥在智能运维方面的积极探索以关键技术的方式进行提炼，共同撰写了"跨海交通集群工程智能化运维系列丛书"。丛书的出版，对促进传统产业与新一代信息技术融通创新具有重要意义，为国内外跨海集群工程智能化运维提供了丰富的借鉴和参考。

  居安思危是中华民族赓续发展的优秀思想，习近平总书记在十九大报告中强调"坚持总体国家安全观"，明确"统筹发展和安全，增强忧患意识，做到居安思危，是我们党治国理政的一个重大原则"。在大桥营运管理中，防患于未然的意识使应急处置的研究成为智能运维系列研究的重要组成部分。在本丛书中，突发事件的应急处置将诸多研究成果应用于解决大桥安全营运管理问题的重要方面。

  近10年来，社会发展环境发生了重要变化，社会数字化转型成为社会发展的趋势。数字化技术的发展，大幅改善了对突发事件进行快速反应和科学处理的技术条件，使得数字化应急从可能成为现实。本项目在推进过程中，贯彻"数字化大桥"这一主线，以高水平数字化技术为支撑，围绕"一案三制"的应急总体架构，从工程层面通过"演练处置一体化"技术机制，在"平战结合"思想的指导下，构造"孪生体"和"平行体"，在不影响正常营运管理的情况下，使"演练常态化"，实现应急管理的理论以及管理机制的落地应用和实践。

  本书共分5章。 第1章分析了跨海桥岛隧集群与港珠澳大桥工程的营运环境特点、突发事件风险以及大桥管理方的应急需求，重点阐明了港珠澳大桥通过信息化手段实现应急预案数字化、应急资源常态化、应急回溯真实化、应急演练一体化的应急目标。 第2章从应急预案、新兴技术、应急救援装备三个方面介绍了应急技术的发展演变，综合多个领域研究，阐述了公路交通应急新技术与港珠澳大桥的应急理念创新。 第3章结合交通运输行业应急管理发展现状、港珠澳大桥应急需求与先进的信息科学技术，基于"平战结合"理念提出了港珠澳大桥智能化应急处置"五步走"策略，介绍了应急常态化智能管理、应急响应一体化、应急处置智能化、灾后恢复数字化的内涵与策略。 其中，首次提出的平行系统应急演练理念及所提出的四个应急预案管理特点是实现常态化智能管理的关键。 第4章围绕港珠澳大桥智能化应急处置策略，从应急处置知识库构建、应急资源配置优化、事件持续时长预测、交通管控决策与应急车辆路径规划、应急疏散决策技术等方面阐述了港珠澳大桥智能化应急的关键技术与实施路径。 第5章从工程的角度，介绍了港珠澳大桥智能化应急系统的工程架构和实现思路，从应急处置知识库、应急处置系统、应急资源管理系统、应急平行系统以及应急单兵系统几个方面进行了详细的说明。

  限于作者的水平和经验，书中错漏之处在所难免，恳请读者批评指正。

作 者

2024 年 1 月

目录 CONTENTS

第 1 章　跨海桥岛隧集群工程营运环境特点及应急需求分析

1.1　跨海桥岛隧集群工程营运环境特点 …………………………… 002

1.2　港珠澳大桥营运环境特点 ……………………………………… 002

1.3　港珠澳大桥突发事件风险分析 ………………………………… 006

　　1.3.1　自然灾害类 ……………………………………………… 006

　　1.3.2　事故类 …………………………………………………… 007

　　1.3.3　生产安全类 ……………………………………………… 008

　　1.3.4　社会安全类 ……………………………………………… 009

　　1.3.5　综合类 …………………………………………………… 010

1.4　港珠澳大桥典型突发事件分类及应急需求分析 ……………… 010

　　1.4.1　自然灾害类 ……………………………………………… 010

　　1.4.2　事故类 …………………………………………………… 012

　　1.4.3　生产安全类 ……………………………………………… 013

　　1.4.4　社会安全类 ……………………………………………… 014

　　1.4.5　综合类 …………………………………………………… 015

1.5　港珠澳大桥突发事件应急目标 ………………………………… 017

　　1.5.1　应急预案数字化 ………………………………………… 017

　　1.5.2　应急资源常态化 ………………………………………… 017

1.5.3 应急回溯真实化 017
   1.5.4 应急演练一体化 017
1.6 本章小结 018

第 2 章 应急技术发展沿革与现状

2.1 应急技术的发展背景及演变 020
   2.1.1 应急管理体系的发展背景 020
   2.1.2 应急管理法律体系的发展背景 021
   2.1.3 应急技术的发展演变 022
2.2 国内外应急技术发展现状 023
   2.2.1 自然灾害应急技术发展现状 024
   2.2.2 涉水工程应急技术发展现状 025
   2.2.3 水上交通应急技术发展现状 026
   2.2.4 高速公路应急技术发展现状 027
   2.2.5 应急技术的现状和问题 030
2.3 公路交通应急新技术 031
   2.3.1 5G 移动通信技术的应用 032
   2.3.2 物联网技术的应用 035
   2.3.3 北斗卫星导航技术的应用 037
   2.3.4 数字孪生技术的应用 038
   2.3.5 人工智能技术的应用 041
2.4 港珠澳大桥应急的理念创新 044
   2.4.1 "天空地海"四位一体感知监测理念 045
   2.4.2 应急全要素的数字化理念 050
   2.4.3 应急管理常态化理念 054
   2.4.4 应急处置演练一体化理念 055
   2.4.5 "应急一张图"理念 056
   2.4.6 "数据-知识-模型"多驱动的应急决策理念 057
2.5 本章小结 059
本章参考文献 059

第 3 章　港珠澳大桥智能化应急处置策略

- 3.1 港珠澳大桥智能化应急数字底座 ············· 062
- 3.2 港珠澳大桥应急常态化智能管理 ············· 065
  - 3.2.1 应急物资巡检管理 ············· 065
  - 3.2.2 人员在岗监控 ············· 066
  - 3.2.3 人员应急培训考核 ············· 066
  - 3.2.4 平行系统应急演练 ············· 066
  - 3.2.5 预案管理 ············· 067
- 3.3 港珠澳大桥突发事件应急响应一体化 ············· 068
  - 3.3.1 突发事件信息来源 ············· 068
  - 3.3.2 突发事件应急响应 ············· 069
- 3.4 人机协同的应急处置智能化 ············· 070
  - 3.4.1 资源调配 ············· 073
  - 3.4.2 现场管控 ············· 074
  - 3.4.3 交通管控 ············· 076
  - 3.4.4 应急疏散 ············· 076
- 3.5 港珠澳大桥突发事件灾后恢复数字化 ············· 077
  - 3.5.1 管控恢复 ············· 078
  - 3.5.2 事件记录 ············· 078
  - 3.5.3 评估、复盘与优化 ············· 079
- 3.6 本章小结 ············· 081

第 4 章　港珠澳大桥智能化应急的关键技术与实施路径

- 4.1 应急处置知识库构建技术 ············· 084
  - 4.1.1 应急处置知识库构建技术概述 ············· 084
  - 4.1.2 应急处置知识库构建技术实施路径 ············· 085
- 4.2 应急资源配置优化技术 ············· 102
  - 4.2.1 应急资源配置优化技术概述 ············· 102

  4.2.2 应急资源配置优化技术实施路径……102

 4.3 事件持续时长预测技术……106

  4.3.1 事件持续时长预测技术概述……106

  4.3.2 事件持续时长预测技术实施路径……106

 4.4 交通管控决策与应急车辆路径规划技术……109

  4.4.1 交通管控决策与应急车辆路径规划技术概述……109

  4.4.2 交通管控决策与应急车辆路径规划技术实施路径……110

 4.5 应急疏散决策技术……115

  4.5.1 应急疏散决策技术概述……115

  4.5.2 应急疏散决策技术实施路径……116

 4.6 应急处置方案动态高效执行技术……118

  4.6.1 应急处置方案动态高效执行技术概述……118

  4.6.2 应急处置方案动态高效执行技术实施路径……118

 4.7 应急处置演练一体化技术……127

  4.7.1 应急处置演练一体化技术概述……127

  4.7.2 应急处置演练一体化技术实施路径……128

 4.8 本章小结……134

 本章参考文献……135

第 5 章　港珠澳大桥智能化应急系统设计与实现

 5.1 港珠澳大桥智能化应急系统设计思路与架构……138

  5.1.1 港珠澳大桥智能化应急系统设计思路……138

  5.1.2 港珠澳大桥智能化应急系统总体架构设计……141

 5.2 港珠澳大桥智能化应急系统构成与实现……145

  5.2.1 应急处置知识库……145

  5.2.2 应急处置系统……151

  5.2.3 应急资源管理系统……162

  5.2.4 应急单兵系统……171

  5.2.5 平行推演系统……172

5.3 港珠澳大桥智能化应急系统案例实施——以社会车辆道路
　　交通事故为例 ··· 176
　　5.3.1 道路交通事故系统处置思路 ··· 176
　　5.3.2 道路交通事故系统处置步骤 ··· 179
5.4 港珠澳大桥智能化应急系统应用展望与推广建议 ································ 190
　　5.4.1 系统应用展望 ·· 190
　　5.4.2 推广建议 ·· 191

第1章

跨海桥岛隧集群工程营运环境特点及应急需求分析

跨海桥岛隧集群工程一般建设在近陆海洋、海峡等位置，其所处的营运环境相较于内陆山地和跨江工程的营运环境而言，更加复杂，影响因素以及所需应对环节较多。本章将对港珠澳大桥跨海桥岛隧集群工程的营运环境特点、营运风险、应急需求进行分析，最后确定港珠澳大桥突发事件的应急目标。

1.1 跨海桥岛隧集群工程营运环境特点

跨海桥岛隧集群工程营运环境特点涉及多个方面，如自然灾害、环境保护、交通管理：

（1）自然灾害：由于海洋与陆地温差较大、海面无山地阻隔、海床情况复杂等原因，跨海工程更易于受到热带气旋、暴雨、海啸等极端自然灾害等影响。因此，应从跨海桥岛隧集群工程的结构、行车营运环境角度出发，重点考虑自然灾害影响，以确保桥梁的结构稳定和安全营运。

（2）环境保护：跨海桥岛隧集群工程通常会对周边的海洋生态系统和陆地生态系统产生影响。因此，跨海桥岛隧集群工程营运环境特点之一是要采取措施保护和恢复生态环境，例如建立海洋生态保护区、进行水质监测和处理、保护沿海植被等。

（3）交通管理：跨海桥岛隧集群工程通常会引起交通流量的增加，因此，跨海桥岛隧集群工程营运环境另一特点是要合理规划和管理交通流量，以确保交通安全和畅通。可能的措施包括采用交通信号控制、限制车辆通行速度等。

1.2 港珠澳大桥营运环境特点

港珠澳大桥是"一国两制"制度下，粤港澳三地首次合作，共建共管的大型跨海交通工程，因其工程规模巨大、技术复杂、管理协调难度大，自开工建设以来一直备受关注。港珠澳大桥全长55km，其中海中桥隧主体工程长约29.6km，设计使用寿命120年，大桥设计速度为100km/h。大桥由粤港澳三地政府共同组建的单位投资、建设和营运管理，三地口岸及连接线由各自政府分别建设及营运。

为了实现港珠澳大桥跨海集群工程安全、可靠、高效、智能化的运维，需要依托新技术、新装备赋能物理大桥。通过布置毫米波雷达、5G 数据传输专网、云计算算力服务器及无人装备推动大桥数字化转型升级。数字港珠澳大桥工程的总体布局如图 1.2-1 所示。

大桥于 2009 年 12 月 15 日动工建设,现已建设完成并通车营运,已成为交通行业的典范工程,赢得了全国乃至全世界的赞誉。自 2018 年 10 月 23 日正式通车运行以来,港珠澳大桥也被寄予了更高的期待,随着粤港澳交通的一体化,大桥将成为粤港澳大湾区的人流、物流、资金流、要素流的黄金通道。因而此项超级工程的营运管理受到各方高度重视,并且提出了更高的安全营运工作要求,而应急工作则是安全营运工作的重中之重。

港珠澳大桥作为跨海桥岛隧集群的典型工程,其营运环境除了 1.1 节提到的特点外,还具有自身的以下特点:

(1) 天气灾害:大桥位于亚热带地区,遭遇台风、暴雨、冬季海面强风、龙卷风、强雷电、风暴潮、大雾、灰霾等灾害性天气较多,对大桥行车安全造成威胁。例如:桥区位于热带气旋路径上,登陆和影响桥区的热带气旋活动频繁。所以如何及时预测、预警以及科学应对灾害性天气成为营运管理方的重要课题。

(2) 交通管理:大桥跨海距离长,海中桥隧工程长约 29.6km,且海中桥隧工程采取桥、隧、岛组合方案,结构复杂,一旦在营运过程中发生事故,给事故车辆施救、人员疏散带来诸多难题;2022 年开始,粤港澳三地政府推动"澳车北上""港车北上"政策逐步实施,进一步带动了大桥车流量的增加,所以合理规划和管理交通流,做好应急预案以及通过先进的技术加强风险监控、预警相关工作,以确保大桥的安全和畅通。港珠澳大桥隧道出口如图 1.2-2 所示。

(3) 管理机制:大桥连接广东、香港和澳门三地,三地政府按照"属地管辖原则"对各自区域内的大桥部分进行管理,但各部分发生突发事件的影响范围往往波及整个大桥,因此港珠澳大桥营运期的应急救援需求具有整体性特点,需要建立协调一致的三地联动机制予以应对和处置。例如:规定在大桥的主体工程上采用内地的右侧行驶规则,驾驶员抵达大桥主体工程之后或者离开香港、澳门口岸之后,根据行车指示牌,按照标志调整行车方式,完成左右侧交通的转换。在非紧急情况下,车辆在大桥主体及口岸均不允许掉头。此外,由于内地和港澳对车辆的超限标准不同,驾乘人员须遵守各区域的通行规则,根据各地超限标准行

跨海长大桥隧应急体系设计与安全营运实践

野狸北斗基准站

5G基站

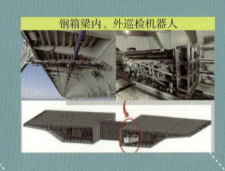
钢箱梁内、外巡检机器人

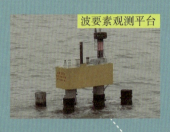
波要素观测平台

无人机

5G综合指挥车

广东省珠海市

澳门特别行政区

江海桥

混凝土外表面巡检机器人

九洲桥

钢塔表面巡检机器人

水下机器人

洋环北斗基准站

加速度传感器　风速仪　强震记录仪　北斗监测站
九洲桥传感器布置(部分)

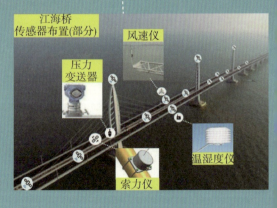
江海桥传感器布置(部分)　风速仪　压力变送器　温湿度仪　索力仪

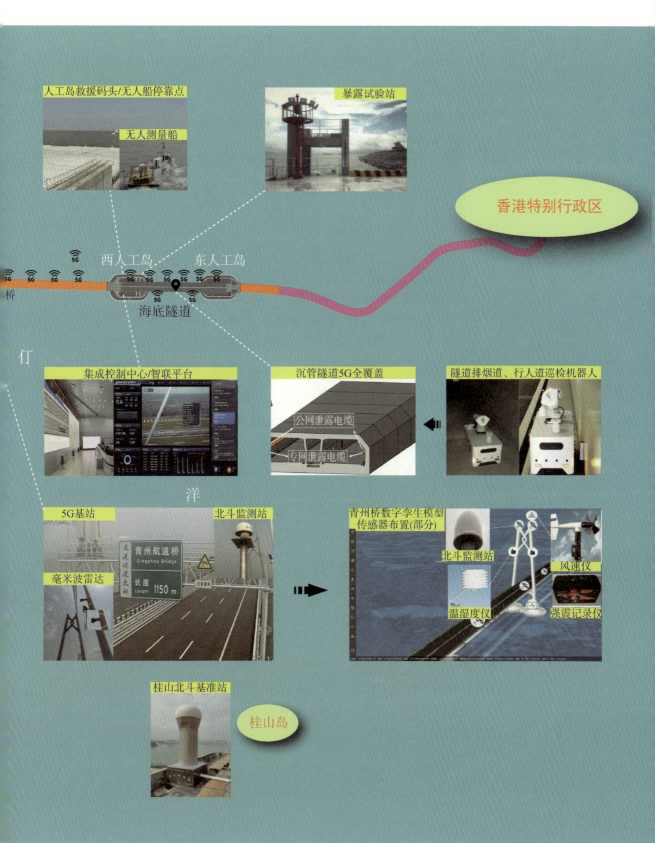

图 1.2-1 数字港珠澳大桥工程总体布局图

驶。内地货车最高限载标准为49t(车货总重);香港货车最高限载标准为44t;澳门货车最高限载标准为38t。基于属地原则,车辆须遵守当地政府对车辆的要求,例如港澳车辆行驶经过大桥主桥时,必须符合内地的规定。

图1.2-2　港珠澳大桥隧道出口

综上所述,由于港珠澳大桥跨越了复杂多变的海洋环境,桥体工程庞大、复杂,经济活动频繁以及涉及多个法律体系和行政区域的管理,因此,在其建设、营运和管理过程中,都面临着各种安全风险和挑战。如果不能有效地防范和应对,可能会给港珠澳大桥的安全营运带来严重的威胁和隐患。为满足营运管理方面对突发事件应急管理的需要,提高预警、预防和应急救援能力,最大限度地降低突发事件损失(包括:人员伤亡、财产损失、环境污染和社会影响等),需要借助先进的工具、技术、理念进行应急工作并建立完善的安全应急管理机制。

1.3　港珠澳大桥突发事件风险分析

结合1.2节对大桥营运特殊性与复杂性的分析,分析大桥营运期所面临的突发事件风险,确定其类型、发生形态及影响后果,为后续明晰港珠澳大桥突发事件应急需求奠定基础。港珠澳大桥在营运期间主要存在自然灾害类、事故类、生产安全类、社会安全类、综合类共5类突发事件风险。

1.3.1　自然灾害类

依据港珠澳大桥所处的地理与气候环境,营运管理过程中面临的自然灾害类突发事件主要有:热带气旋(台风)、暴雨、雷雨大风、雷暴、大雾、灰霾、海洋灾害。自然灾害类突发事件风险分析如表 1.3-1 所示。

自然灾害类突发事件风险分析 表 1.3-1

事件名称	形态与特征描述	主要风险
热带气旋(台风)	风速高、强度大	人员伤害、结构损坏、交通事故
暴雨	瞬时雨量大	交通事故
雷雨大风	风速大、伴有雷雨	人员伤害、交通事故
雷暴	雷电	雷击伤害
大雾	浓雾、局部团雾、能见度低	交通事故
灰霾	能见度低	交通事故
海洋灾害	风暴潮、巨浪、海啸	人员伤害、结构损坏、交通事故、财物损失、交通拥堵

1.3.2 事故类

依据港珠澳大桥营运期的交通量、交通组成及营运环境条件,营运管理过程中面临的事故灾难类突发事件主要有:社会车辆道路交通事故、营运车辆行车安全事故、社会船舶水上交通事故、社会船舶泄漏(火灾、爆炸与中毒)事故、旅客滞留事件、设施损坏事件、天然气管线泄漏(火灾、爆炸)事故。事故类突发事件风险分析如表 1.3-2 所示。

事故类突发事件风险分析 表 1.3-2

事件名称	形态与特征描述	主要风险
社会车辆道路交通事故	桥上单车事故	人员伤害、燃油(气)泄漏、火灾、设施损毁
	桥上多车碰撞事故	人员伤害、燃油(气)泄漏、火灾、爆炸、设施损毁
	桥上载客大型车辆事故	重大人员伤害、燃油(气)泄漏、火灾、设施损毁
	桥上危化品车辆事故	泄漏、火灾、爆炸、中毒、设施损毁
	隧道内单车事故	人员伤害、燃油(气)泄漏、火灾、设施损毁
	隧道内多车碰撞事故	人员伤害、燃油(气)泄漏、火灾、设施损毁
	隧道内载客大型车辆事故	重大人员伤害、燃油(气)泄漏、火灾、设施损毁
	隧道内危化品车辆事故	泄漏、火灾、爆炸、中毒、窒息、设施损毁
营运车辆行车安全事故	桥上单车事故	人员伤害、燃油(气)泄漏、火灾、设施损毁
	桥上多车碰撞事故	人员伤害、燃油(气)泄漏、火灾、爆炸、设施损毁

续上表

事件名称	形态与特征描述	主要风险
营运车辆行车安全事故	桥上载客大型车辆事故	重大人员伤害、燃油(气)泄漏、火灾、设施损毁
	桥上危化品车辆事故	泄漏、火灾、爆炸、中毒、设施损毁
	隧道内单车事故	人员伤害、燃油(气)泄漏、火灾、设施损毁
	隧道内多车碰撞事故	人员伤害、燃油(气)泄漏、火灾、爆炸、设施损毁
	隧道内载客大型车辆事故	重大人员伤害、燃油(气)泄漏、火灾、设施损毁
	隧道内危化品车辆事故	泄漏、火灾、爆炸、中毒、窒息、设施损毁
社会船舶水上交通事故	船舶撞击桥梁主体结构	主体结构及附属设施损毁、人员伤害
	船舶撞击桥梁防撞设施	设施损毁
	船舶沉没在隧道上方	隧道防护结构损坏
社会船舶泄漏(火灾、爆炸与中毒)事故	装载易燃易爆气体或液体、剧毒(高毒)气体、爆炸物品、放射性物品的船舶发生泄漏	火灾、爆炸、中毒、放射
	船舶自用油料发生泄漏并起火	火灾、爆炸
旅客滞留事件	东人工岛、西人工岛旅客滞留	人员伤害、交通中断、财物损失、社会影响
设施损坏事件	通信、供电、照明、监控等系统故障	交通中断、通信中断
	主体结构及附属设施损毁	人员伤害、交通中断、通信中断
	大范围断电	交通中断、通信中断
天然气管线泄漏(火灾、爆炸)事故	崖13-1天然气海底管线穿越大桥区段泄漏	火灾、爆炸

1.3.3 生产安全类

依据港珠澳大桥的营运环境、地理位置,营运管理过程中所面临的突发事件风险,按照主要生产活动内容,安全生产类突发事件主要有:工业伤亡事故、特种设备事故、企内车辆道路交通事故、环境污染与破坏事件、职业卫生事故共5类影响营运安全与应急管理的事件。生产安全类突发事件风险分析如表1.3-3所示。

生产安全类突发事件风险分析 表1.3-3

事件名称	形态与特性描述	主要风险
工业伤亡事故	火灾事故	人员伤害、构(建)筑物损毁、火灾
	爆炸事故	人员伤害、构(建)筑物损毁、火灾、爆炸
	设备事故	人员伤害、构(建)筑物损毁、设备设施损毁
	生产事故	财物损失、构(建)筑物损毁、设备设施损毁
特种设备事故	锅炉、压力容器/管道事故	人员伤害、设备设施损毁
	起重机械事故	起重伤害、倾覆、断裂、坠落
	电梯故障	人员滞留、人员伤害、设备设施损毁
企内车辆道路交通事故	养护、路政、救援、局内车辆人员运输、施工作业等车辆事故	人员伤害、燃油(气)泄漏、火灾、设施损毁
环境污染与破坏事件	养护作业、生产生活废弃物、道路交通事故	陆域或海洋环境污染
职业卫生事故	急性职业病	职业病、窒息(中毒)

1.3.4 社会安全类

由于港珠澳大桥具有特殊性,其营运管理过程中所面临的社会安全事件主要有:群体事件、网络安全事件、自杀事件、恐袭/刑事/社会治安事件、舆情应对事件、涉及境外人员事件共6类影响营运安全与应急管理的事件。社会安全类突发事件风险分析如表1.3-4所示。

社会安全类突发事件风险分析 表1.3-4

事件名称	形态与特征描述	主要风险
群体事件	群众聚集、干扰正常生产活动	人员伤害、社会影响
网络安全事件	网站篡改,假冒网站散布不实信息	网络安全、社会影响
自杀事件	跳海行为	社会影响
恐袭/刑事/社会治安事件	人为恐怖危害,发生刑事案件,发生社会治安事件	人员伤害、财物损失、社会影响
舆情应对事件	谣言	社会影响
涉及境外人员事件	发生人员伤亡事故且涉及境外人员,或香港、澳门相关区域发生突发事件影响大桥主体工程正常通行	人员伤害、财物损失、交通拥堵、社会影响

1.3.5 综合类

综合类事件指多种事件并发的情况,当事件并发时,需要考虑应急的空间冲突、应急资源冲突等因素,因此需要根据具体事件在有限的时间内,优化资源优先级,快速准确地生成应急处置预案。综合类事件风险分析如表1.3-5所示。

综合类事件风险分析　　　　　　　　　　　　　表1.3-5

事件名称	形态与特征描述	主要风险
综合类事件	以上各类事件中两种或两种以上的并发事件(例如:自然灾害类中的暴雨+事故类的桥上单车事故)	人员伤害、财物损失、交通拥堵、社会影响,后果比单一事件更加严重

1.4 港珠澳大桥典型突发事件分类及应急需求分析

根据1.3节突发事件风险分析,将港珠澳大桥典型突发事件分类为自然灾害类、事故类、生产安全类、社会安全类和综合类5类分别研究应急需求以及需要采取的应急处置措施。

1.4.1 自然灾害类

从表1.4-1对比情况可以看出,珠海与香港两地的气象灾害管控类型存在一定差异,在珠海方提到的雷暴天气,香港方在进行交通管理时并未考虑。双方均予考虑的4类气象灾害,珠海和香港两地在事件种类、指标分级或管控措施上都或多或少存在差异,自然灾害事件应急需求如下。

港珠澳大桥珠海与香港两地气象灾害管控措施　　　　表1.4-1

事件种类	珠海		事件种类	香港	
	分级	管控措施		分级	管控措施
热带气旋	红色预警	封桥	热带气旋	\multicolumn{2}{c}{依据香港连接路强风情况下交通管理方案执行}
	橙色预警	封桥			
	黄色预警	限速40km/h			
	蓝色预警	限速60km/h			
	白色预警	限速80km/h			

续上表

事件种类	珠海		事件种类	香港	
	分级	管控措施		分级	管控措施
雷雨大风	65km/h 以上	封桥	强风	65km/h 以上	封桥
	55~65km/h	限速 40km/h		55~65km/h	中线封闭,限速 50km/h
	40~55km/h	限速 60km/h		40~55km/h	限速 50km/h(其间 1min 先降至过渡车速 80km/h)
	30~40km/h	限速 80km/h		30~40km/h	发布警告信息
暴雨	红色预警	封桥	暴雨	依据香港连接路强风情况下交通管理方案执行	
	橙色预警	封桥			
	黄色预警	限速 40km/h			
低能见度	≤50m	封桥	低能见度	≤150m	限速 50km/h
	50~100m	限速 40km/h		150~250m	限速 80km/h
	100~200m	限速 60km/h		250~300m	发布警告信息
	200~300m	限速 80km/h		—	—
雷暴	黄色预警	限速 40km/h	—		

1)信息获取需求

发现恶劣天气或接收到相关部门发布异常气候信息后,通过监控设备或官方渠道(气象局官网、官方信息发布平台)获知已经出现或将要出现异常天气的情况,结合大桥气象检测系统,进一步核实详细情况并密切留意气象发展动向与趋势。融合大桥信息化设备,综合分析研判气象的变化,进行预警和预防。

2)信息通报传递需求

(1)根据桥面风速、能见度等因素做好交通信号控制,实时关注大桥气象动态并及时通报情况。

(2)启动响应后通知相关部门以及人员按岗位职责做好防御和值班。

(3)及时向大桥营运各方通报防御措施,在应急管理平台上准确填报信息。

(4)各个机构、部门、人员之间信息的及时上传下达。

3)管控需求

(1)配合现场政府职能部门发布交通管制信息。

(2)对各类交通控制设施设备(交通指示灯、可变限速标志、可变信息标志、广播等)的控制。例如:可变限速标志控制,将限速逐步由100km/h减至80km/h,最后至50km/h;可变信息控制,交替发布"保持安全车距,禁止变更车道""雷雨天气,谨慎驾驶"等信息。

(3)应急响应处置过程中内外部应急资源管控、调用。

4)事件回溯评估需求

(1)撰写相关工作报告,分析和描述突发事件发生的原因和应急响应、处置、救援过程,以及处置过程中动用的内外部应急资源。

(2)下载、保存事件监控录像。

(3)评估监控调度中心事件处置过程,总结经验与不足。

(4)评估救援单位事件处置过程,反馈处置过程中存在的问题与不足。

1.4.2 事故类

1)信息获取需求

接报(发现)或通过政府部门得知交通事故后,尽可能了解清楚事件发生时间、具体地点(桩号)、行驶方向及人员伤亡等情况。融合大桥配套5G、北斗、雷视一体机、物联网等信息化设备,综合分析研判事件的演化,进行提前预警预防。

2)信息通报传递需求

(1)调整事故现场摄像机并对现场情况进行实时监视,做好对事故现场路面交通信号的控制。

(2)通知消防救援等,根据情况通知路政、交通救援、养护(应急防撞车、清扫车)、物业保安(岛上、管养中心)、海洋局、环保局、白海豚自然保护区(若对海洋造成污染),海上船舶交通事故通知12395,并通报中国海洋石油集团有限公司。

(3)将该事件上报大桥营运管理方,如涉及港方、澳方的交通影响,视情况通知港、澳方。

3)管控需求

(1)配合现场政府职能部门发布交通管制信息。

(2)对各类交通控制设施设备(交通指示灯、可变限速标志、可变信息标志、广播等)的控制。例如:可变限速标志控制,将限速逐步由 100km/h 减至 80km/h,最后至 50km/h;可变信息控制,交替发布"保持安全车距,禁止变更车道""前方事故,谨慎驾驶"等信息。

(3)应急响应处置过程中内外部应急资源管控、调用的需求。

4)事件回溯评估需求

(1)撰写相关工作报告,分析和描述突发环境事件发生的原因和应急响应、处置、救援过程,以及处置过程中动用的内外部应急资源。

(2)下载、保存事件监控录像。

(3)评估监控调度中心事件处置过程,总结经验与不足。

(4)评估救援单位事件处置过程,反馈处置过程中存在的问题与不足。

1.4.3　生产安全类

1)信息获取需求

接报(发现)或通过政府部门接到设施、设备、车辆异常事件后,尽可能了解具体地点、人员伤亡情况、危害程度及可能影响的范围等。融合大桥配套的 5G、北斗、雷视一体机、物联网等信息化设备,综合分析研判事件的演化,进行提前预警预防。

2)信息通报传递需求

(1)调整事故现场摄像枪并对现场情况进行实时监视,做好对事故现场路面交通信号的控制。

(2)故障通知(机电、供配电)抢修;特种设备通知涉事单位负责人;通知消防救援等,根据情况通知路政、交通救援、养护(应急防撞车、清扫车)、物业保安(岛上、管养中心)、海洋局、环保局、白海豚自然保护区(若对海洋造成污染),海上船舶交通事故通知 12395,并通报中国海洋石油集团有限公司。

(3)事件上报大桥营运管理方,如涉及港方、澳方的交通影响,视情况通知港方、澳方。

3) 管控需求

(1) 配合现场政府职能部门发布交通管制信息。

(2) 对各类交通控制设施设备(交通指示灯、可变限速标志、可变信息标志、广播等)的控制。例如:可变限速标志控制,将限速逐步由100km/h减至80km/h,最后至50km/h;可变信息控制,交替发布"保持安全车距,禁止变更车道""前方事故,谨慎驾驶"等信息。

(3) 应急响应处置过程中内外部应急资源管控、调用。

4) 事件回溯评估需求

(1) 撰写相关工作报告,分析描述突发环境事件发生的原因和应急响应、处置、救援过程、处置过程中动用的内外部应急资源。

(2) 下载、保存事件监控录像。

(3) 评估监控调度中心事件处置过程,总结经验与不足。

(4) 评估救援单位事件处置过程,反馈处置过程中存在的问题与不足。

1.4.4 社会安全类

1) 信息获取需求

接报或通过政府部门得知恐袭/刑事/社会治安事件后,尽可能了解清楚事件发生时间、具体地点、人员受害程度、影响范围及现场初步采取的救助措施。融合大桥配套的5G、北斗、雷视一体机、物联网等信息化设备,综合分析研判事件的演化,进行提前预警预防。

2) 信息通报传递需求

(1) 调整事件现场摄像枪并对现场情况进行实时监视,做好对事件现场路面交通信号的控制。

(2) 通知119、110、120(如有伤员),根据情况通知路政、交通救援、养护(应急防撞车、清扫车)、物业保安(岛上、管养中心)、海洋局、环保局、白海豚自然保护区(若对海洋造成污染)、海上船舶交通事故通知12395,通报中国海洋石油集团有限公司。

(3) 将该事件上报大桥营运管理方,如涉及港方、澳方的交通影响,视情况通知港方、澳方。

3）管控需求

（1）配合现场政府职能部门发布交通管制信息。

（2）对各类交通控制设施设备（交通指示灯、可变限速标志、可变信息标志、广播等）的控制。例如：可变限速标志控制，将限速逐步由100km/h减至80km/h，最后至50km/h；可变信息控制，交替发布"保持安全车距，禁止变更车道""前方××，谨慎驾驶"等信息。

（3）应急响应处置过程中内外部应急资源管控、调用的需求。

（4）配合出警单位封锁现场并设置警戒线，疏散人群及周围车辆，防止无关人员及车辆接近现场。

（5）必要时，就可能受到突发公共事件的危害向公众进行警告或者劝告，并宣传应急避险和防灾减灾等常识。

（6）加强大桥外围的警卫和治安管理，确保交通等公用设施的安全，稳定社会秩序，必要时配合出警单位在全桥范围内实行紧急布控。

4）事件回溯评估需求

（1）撰写相关工作报告，分析描述突发环境事件发生的原因和应急响应、处置、救援过程，以及处置过程中动用的内外部应急资源。

（2）下载、保存事件监控录像。

（3）评估监控调度中心事件处置过程，总结经验。

（4）评估救援单位事件处置过程，反馈处置过程中存在的问题与不足。

1.4.5　综合类

1）信息获取需求

需要关注气象以及并发事件的全量信息，通过轮巡发现恶劣天气或接收到政府相关部门发布异常气候信息后，通过监控设备或官方渠道（气象局官网、官方信息发布平台）获知已经出现或将要出现异常天气的情况，结合大桥气象检测系统，进一步核实详细情况并密切留意天气情况发展动向与趋势，同时尽可能了解清楚事件发生时间、具体地点（桩号）、车辆行驶方向、影响范围及人员伤亡等情况。融合大桥配套的5G、北斗、雷视一体机、物联网等信息化设备,综合分析研判事件的演化,进行提前预警预防。

2)信息通报传递需求

(1)调整事件现场摄像枪并对现场情况进行实时监视,做好对事件现场路面交通信号的控制。

(2)通知119、110、120(如有伤员),根据情况通知路政、交通救援、养护(应急防撞车、清扫车)、物业保安(岛上、管养中心)、海洋局、环保局、白海豚自然保护区(若对海洋造成污染),海上船舶交通事故通知12395,并通报中国海洋石油集团有限公司。

(3)将该事件上报大桥营运管理方,如涉及港方、澳方的交通影响,视情况通知港方、澳方。

3)管控需求

(1)配合现场政府职能部门发布交通管制信息。

(2)对各类交通控制设施设备(交通指示灯、可变限速标志、可变信息标志、广播等)的控制。例如:可变限速标志控制,将限速逐步由100km/h减至80km/h,最后至50km/h;可变信息控制,交替发布"保持安全车距,禁止变更车道""前方××,谨慎驾驶"等信息。

(3)应急响应处置过程中内外部应急资源管控、调用的需求。

(4)配合出警单位封锁现场并设置警戒线,疏散人群及周围车辆,防止无关人员及车辆接近现场。

(5)必要时,就可能受到突发公共事件的危害向公众进行警告或者劝告,并宣传应急避险和防灾减灾等常识。

(6)加强大桥外围警卫和治安管理,确保交通等公用设施的安全,稳定社会秩序,必要时配合出警单位在全桥范围内实行紧急布控。

4)事件回溯评估需求

(1)撰写相关工作报告,分析描述突发环境事件发生的原因和应急响应、处置、救援过程、处置过程中动用的内外部应急资源。

(2)下载、保存事件监控录像。

(3)评估监控调度中心事件处置过程,总结经验与不足。

(4)评估救援单位事件处置过程,反馈处置过程中存在的问题与不足。

1.5 港珠澳大桥突发事件应急目标

1.5.1 应急预案数字化

深入分析研究港珠澳大桥面临的各种风险和挑战,通过"情景—任务—能力"的不断深化,有针对性地做好各种事件的预案准备,通过应急系统将预案升级为数字化预案,实现应急预案的自动学习,根据应急场景自动研判,生成科学预案,并与港珠澳大桥营运管理智联平台结合实现联动控制。

1.5.2 应急资源常态化

充分利用现有各类应急资源,对人员、物资、装备等资源进行有效配置并常态化管理,保障应急救援与处置工作需要;充分发挥现代科技、专家队伍和专业人员的作用,实施智能化管理,构建应急一张图,提高应对突发事件的科学决策能力、技术支撑能力和保障能力。

1.5.3 应急回溯真实化

建设一个多功能、多层次、全范围、可视化、可回溯、动态性的数字化应急案例库回溯系统。为港珠澳大桥应急管理培训及演练提供权威、高效、常态化的多媒体教学平台和强有力的技术支撑,为高速公路管理营运单位进行突发事件预防和处置提供决策咨询,有利于系统地总结应急管理经验教训。

1.5.4 应急演练一体化

港珠澳大桥珠海区域内的突发事件应对工作是根据属地管辖原则,在广东省人民政府的统一领导下,广东省人民政府各相关部门、各应急分区牵头单位及成员单位,依据各自职能和预案的规定做好相关工作,发挥基础和常备力量支撑保障作用。所以需要一套应急演练常态化的工具系统实现多部门、多单位有效的科学调度,建立现场指挥机制、跨界救援合作机制以及联动制度,实现"平战结合"。

1.6　本章小结

本章节针对跨海桥岛隧集群、港珠澳大桥工程的自然灾害、环境保护、交通管理、施工安全等营运环境特点进行分析,阐述了港珠澳大桥可能遇到的5类典型突发事件风险以及大桥管理方的应急需求,例如:气象信息获取需求、信息通报传递需求、管控需求、事件回溯评估需求。最后重点阐明了港珠澳大桥通过信息化手段实现应急预案数字化、应急资源常态化、应急回溯真实化、应急演练一体化的应急目标。

CHAPTER 2 | 第 2 章

应急技术发展沿革与现状

我国历来是一个自然灾害多发的国家,在与自然灾害抗争的漫长过程中,逐步培育了"居安思危,思则有备,有备无患""安不忘危""预防为主"等丰富的应急文化。我国从新中国成立之初就开始重视对突发事件的应急管理。我国应急管理体系、应急管理法律体系有着完整的发展历程。在应急技术的发展过程中,其在自然灾害、水利工程、水上交通和高速公路等各个不同领域有着不同的发展特点,但是都更加趋向于信息化、智慧化。在公路交通领域中,越来越多的应急新技术取得突破,并被广泛应用于突发事件的处置全过程中。

通过了解不同行业应急技术的发展现状,并对公路交通领域出现的应急新技术进行应用研究,创新提出了港珠澳大桥应急的理念。港珠澳大桥智能化应急处置系统采用了许多新技术与新理念,将在本章进行详细介绍。

2.1 应急技术的发展背景及演变

2.1.1 应急管理体系的发展背景

应急管理指政府和其他公共机构在突发事件预防、应对、处置和恢复过程中,通过建立必要的应急机制,采取一系列措施,运用科学、技术、规划和管理等手段,确保公众人身和财产安全,促进社会和谐发展。我国应急管理工作的范围和内容在不断扩展,从主要针对自然灾害到涵盖自然灾害、事故灾难、公共卫生事件和社会安全事件等多个领域,从单一的灾害应对到复杂的综合协调,其发展历程大致可分为四个阶段:一是新中国成立之初到改革开放之前单项应对管理的第一代应急管理体系;二是改革开放之后到2002年(非典型肺炎疫情以前)分灾种管理的第二代应急管理体系;三是2003年非典型肺炎疫情以后的综合化管理的第三代应急管理体系;四是2018年应急管理部成立后的全过程管理的第四代应急管理体系。

第一代应急管理体系的主要特点是单项应对管理。从新中国成立之初到改革开放之前,国家设立了国家地震局、水利部、林业部、中国气象局、国家海洋局等专门从事防灾减灾的机构,并在这些机构下建立了多个二级机构和救援队伍。在这一时期,我国政府高度重视洪水、地震等自然灾害的预防和应对工作,但由于组织机构的职能和权限没有明确划分,在遇到突发事件时,政府多采用"人治"手段,应急响应过程是按照上级的计划指令来执行的,缺乏主动性。

第二代应急管理体系的主要特点是分灾种管理。分灾种管理在1976年唐山大地震、1998年特大洪水灾害等重大自然灾害的应对中起到了作用,但也有一些不足,例如地方政府在自然灾害管理上的责任不清晰,相关的机构设置也不完善,防灾减灾的成效不够理想。

第三代应急管理体系的主要特点是综合化管理。2003年非典型肺炎疫情后,中国开始构建以"一案三制"(应急预案、应急体制、应急机制和应急法制)为核心的应急管理体系,统筹应对自然灾害、事故灾难、公共卫生事件和社会安全事件等各种突发事件。以"一案三制"为核心的应急管理体系有整体性设计、覆盖面广,在成功应对2008年汶川特大地震、2010年玉树地震、舟曲特大山洪泥石流等重大自然灾害中发挥了重要作用。

第四代应急管理体系的主要特点是全过程管理。2018年3月,中华人民共和国应急管理部成立,我国的综合应急管理体系从强调全灾害管理走向重视全过程管理。在这一阶段,按照深化党和国家机构改革的要求,应急管理部整合了11个部门,并确定了包括安全生产、消防管理、地质灾害防治、震灾应急救援等在内的13项职责,并建立了一个具有统一指挥、专常结合、反应迅速、上下协作、平战一体、富有中国特色的应急管理体制。全过程管理是新时代国家应急管理创新发展的主要逻辑。

当前,我国应急管理工作更加坚持预防为主,统筹应急资源。现代社会风险无处不在,应急管理工作成为我国公共安全领域国家治理体系和治理能力的重要构成部分,明确了应急管理由应急处置向以防灾减灾和应急准备为核心的重大转变。这一变革将有利于进一步推动安全风险的源头治理,从根本上保障人民群众的生命财产安全。

2.1.2 应急管理法律体系的发展背景

应急管理法律体系作为应急管理体系中的重要一环,既是推动应急管理法制化的支撑,也是应急管理实施中的重要依据。我国应急管理法治建设虽然起步较晚,起点也相对较低,但在实践中不断完善。

2003年以前,我国制定各单行性的应急法律,涉及自然灾害类、事故灾难类、公共卫生类和社会安全类四个方面。自然灾害类立法从主要针对普遍性灾害到涵盖冷僻性灾害,立法技术从生疏到成熟;事故灾难类突发事件行政应急管理立法已经涵盖了日常生产生活的绝大部分方面;随着公共卫生突发事件在社会中发生得越来越频繁,我国公共卫生事件类应急立法也逐渐完善。2003年《突发公共卫生事件应急条例》的颁布,作为我国突发公共卫生事件应急类法律法规的一个里程碑,为此后加快推进中国特色法制建设提供了良好的经验及借鉴。

为了提高政府保障公共安全和应对各种突发事件的能力,国务院于2006年1月8日制定了《国家突发公共事件总体应急预案》,明确了针对自然灾害、事故灾难、公共卫生事件、社会安全事件四类突发事件的应急管理框架。2007年我国颁布了《中华人民共和国突发事件应对法》,使应急管理法律体系更加完善,标志着我国应急管理工作从无到有、从分散到综合的历史性转变。从此,我国建立了以地方政府为主导,多层次政府和部门协作的突发事件应急执行机构。同时,加强了对公众的应急法律法规和知识的宣传教育,要求有关部门定期有针对性地对各类预案进行演练,为形成全民参与应急的社会氛围奠定了坚实的基础。

为了提高"防、减、救"灾的水平,优化应急资源配置,我国于2018年设立了应急管理部,将13个部门和单位的职能进行了整合和统一。2019年,应急管理部根据其管理职责,提出了构建"1+4"(应急管理法+安全生产法、自然灾害防治法、消防法、应急救援组织法)应急管理法律体系框架的初步构想。目前,我国已经制定了涵盖自然灾害、事故灾害、公共卫生事件、社会安全事件四个领域的应急法律法规体系,包括法律、行政法规、地方规范和应急预案等。

2.1.3 应急技术的发展演变

从新中国成立至今,我国的应急技术蓬勃发展,其中,应急预案实现了从纸质化到数字化的转变,无人机、人工智能、物联网技术等新兴技术已在预警、救援方面得到广泛应用,应急救援装备由最开始的传统基础设施向智能化方向发展。

1) 应急预案数字化

应急预案是应对突发事件的关键环节,也是保证应急处理工作快速、有序、有效的基础。《"十四五"国家应急体系规划》中提出了"强化应急预案准备"的要求,明确了完善预案管理机制、加快预案制修订、加强预案演练评估等方面的目标。其中一个重点工作就是"建设应急预案数字化管理平台"。近年来,随着信息技术和智能技术的飞速进步,以应急预案数字化为核心的应急管理信息化水平不断提高。应急预案数字化从提出到现在经历了电子化、结构化、可视化、智能化四个发展阶段。

2)新兴技术的应用

应急科技的新时代已经到来,无人机、5G移动通信、人工智能、物联网技术等许多新技术对应急管理产生了深远的影响,为应急管理的监测、救援等提供了新的工具和新的模式,极大地提高了应急管理部门防灾减灾和救援能力。其中,无人机在侦查、监测、航拍、测绘、农业、灾难救援、影视拍摄、电力巡检等领域有着广泛的应用;"5G+"为应急通信应用提供了支持,利用5G小区广播预警信息发布技术,实现了针对特定区域、场所的预警信息精准投放,能够及时、快速地进行灾前预警,增强紧急避险能力。

3)应急救援装备智能化

应急救援装备是应急救援行动的重要支撑,要求品种多、数量足、功能稳、性能好和调度快。某些国家已经做到了应急救援装备的模块化配置和高科技产品的不断更新,特别是美国、日本、俄罗斯目前已开发了很多适合应急抢险的新型应急救援装备,比如多功能滑移转向装载机、防辐射推土机、远程遥控挖掘机等。一直以来,我国高度重视突发灾害应急救援工作,应急救援装备也在不断发展,例如在水上应急救援方面,除了橡皮艇、救生衣、救生灯等基本工具,在水上智能救援机器人、救生抛投器、深海搜寻探测装备等救援关键装备技术方面也有了一定的研究成果。

2.2 国内外应急技术发展现状

应急技术是指在应对各类突发事件的过程中,利用科学技术手段提供应急功能产品和服务的技术。应急技术应用在突发事件应急全过程中。应急全过程分为事前、事发、事中和事后四个阶段。事前主要指未发生突发事件状态下的预防准备阶段，以预案管理、资源管理、信息采集、隐患排查、应急演练、融合通信等工作为主。事发是指突发事件刚发生时的接报预警阶段，以值班接报、监测预警、事件分拨、事件定级、预案匹配等工作为主。事中是指突发事件发生过程中的应急处置阶段，以态势分析、协同调度、战术决策、资源调配、信息反馈等工作为主。事后是指突发事件处置后对处置过程的评估反馈阶段，以事件调查、事后评估、信息发布、预案优化、查处督办等工作为主。

应急技术的发展正面临新的机遇和挑战。随着新一代信息技术日新月异的发展，人工智能（AI）、云计算、物联网、大数据等新技术推动应急管理向智慧化方向发展已成为必然趋势。应急管理智慧化可以实现对突发事件的精准感知、快速响应、高效处置和有效恢复，提高应对突发事件的能力和水平。

2.2.1 自然灾害应急技术发展现状

我国自然灾害易发频发，多灾害种类集聚和灾害链特征日益凸显，亟需强化卫星遥感、大数据、云计算、物联网等技术的融合创新应用，加强综合监测预警系统的建设，提高预报预警的时效性和准确性。目前国内自然灾害应急处置技术主要是灾害综合监测预警系统的建设，包括风险预警系统建设、风险监测系统建设以及风险基础数据库建设。

近年来，我国在气象、水文、地震、地质等灾害监测预警预报方面取得了很大进展，初步建成了灾害监测预警预报体系。四川省安全科学技术研究院协同四川省地震与地质灾害应急技术保障中心、四川安信科创科技有限公司于 2019 年研究了基于太空-天空-地面"三界"大数据的自然灾害应急处置服务系统。系统采用"三界"模式对自然灾害多灾种的灾害链进行综合监测，利用高分辨率遥感、无人机航摄、北斗导航开展原生灾害灾情监测，利用无人机航摄、地面三维激光扫描跟踪连发灾害灾情演变、监测次生灾患等，实现灾害趋势评估、预警应急方案自动演算等功能，为应急管理部门实施自然灾害链应急处置提供有效的决策服务。

日本是一个多灾的国度，在应对自然灾害的过程中，日本形成了成熟的灾害风险管理模式，尤其注重对自然灾害的监测预警预报工作。为实现对地震、海啸、洪涝、暴雨、火山爆发等自然灾害的准确、实时监测预警,日本建立了完善的灾害监测和信息发布网络,包括紧急地震速报系统和气象服务计算机系统;美国注重发挥科技在监测预警预报中的作用,使用极轨气象卫星JPSS-1、天气雷达、高级国家地震监测系统(ANSS)等技术实现了对自然灾害的监测预警预报。

2.2.2 涉水工程应急技术发展现状

随着经济社会的快速发展,我国水资源供需矛盾日益突出,极端水文事件频繁发生,严重威胁我国水安全、粮食安全及生态环境安全。我国地域辽阔,水系众多,水利工程点多、面广、量大、类型复杂,经济社会的快速发展对水资源安全和水利工程的安全高效运行提出了更高的要求。

当前,传统水利难以充分满足新时代经济社会发展所需的专业化、精细化、智能化的管理要求。云计算、Web3.0等信息技术的新浪潮带来了大数据、物联网等具有"感知、互联和智能"特点的技术和应用,它们极大地提升了各行各业信息化服务的效率和可用性。现代化、信息化和智能化的发展也因此迎来了新的机遇。发展智慧工程,成为实现管理现代化,快速提高资源效能的有力手段和必选方向。涉水工程系统信息化的发展可以概括为4个阶段。

第一阶段:涉水工程系统信息化的基础建设,包括建立基础物联网,建设数字化信息系统,如数据采集与监控(SCADA)系统、营收系统等。

第二阶段:完善信息化数据建设,建立地理信息系统(GIS)、基于GIS完善管网资产管理系统、完善SCADA系统等。

第三阶段:实现信息化业务应用系统模块、基于精确的管网资产数据实现分区计量管理、基于GIS建立移动化巡查系统、建立离线水力模型及水质模型等应用。

第四阶段:数据融合,实现一体化信息调度平台,利用物联网、实时水力模型、大数据分析等技术,整合各种数据源的数据,建立数据中心,通过各种应用算法的支持实现智慧决策的实时综合调度平台。

与国内快速发展的形势相比,国外从经验模式到智能自控模式的转变经过了一个较长的探索和发展历程,国外的涉水工程技术发展重点不是在市场上去寻找模块化智慧系统或者软件平台,而更加注重于企业自身数据的采集、分析和应用,包括对硬件如何实现优化布局、如何采用科学技术解决实际营运难题、数据应用的分析研究等,经历了一个从生产到研究再到应用的历程。

国外信息化的发展应用,除了在涉水工程本身,还延伸到对用户的用水量预测、分析等服务。英国联合水务的业务技术包括了监测和报告、事件检测、事件预防、事件诊断、自动应急及优化等应用;加拿大卡尔加里通过大数据管理,实时掌握水域流量与水位,并能够细化了解重要区域的详情,整个系统采集的数据包括:流量、深度、水位、流向(分流或合流)、温度、湿度、雨量、天气数据等,实现安全监测、及时预警。

2.2.3 水上交通应急技术发展现状

我国在 2000 年前后进行了水监体制改革,整合了全国水上交通监管机构。我国水上交通应急技术相关研究起步较晚,部分研究是以国外研究为基础。随着我国成为航运大国,对水上交通安全应急管理加强重视,国务院制定了《国家海上搜救应急预案》,这是全国水上应急搜救的总纲要。

目前对应急处置技术的研究主要以解决水上与岸上指挥中心远程通信问题为主。交通安全应急信息技术国家工程实验室在水上交通安全应急领域取得了技术上的突破,研制了机载甚高频(VHF)话台,突破了远程 VHF 无法通话的难题,实现了应急处置指挥中心与水上船舶的 VHF 无线电话的远程直接通话;应用北斗卫星无线电定位系统(RDSS)技术,研制基于北斗 RDSS 的无人机通信终端,实现无人机在超视距区域的测控信息传输。

一些发达国家较早探索了实现应急通信的方法,经过长期的研究和实践,已形成了较大规模的应急通信。美国、日本和欧洲的部分国家和地区拥有比较完善的应急通信系统,其在应对突发事件时起到了重要的作用。2014 年之后,美国的 OneWeb 和 SpaceX 公司宣布建设全球覆盖的低轨卫星网络,并打造太空互联网的计划。他们通过快速建造低成本小卫星的方式,提供满足特殊需求的互联网通信服务,并作为全球地面互联网的备份,其可在海洋、航空、自然灾害和应急工作等领域发挥作用。

无人机应急通信具有紧急起飞和快速到达服务区域的优势,Facebook 近空间长航时无人机通信系统是一个例子。Facebook 公司从 2013 年开始实施了 Internet.org 项目,目标是利用激光通信技术实现无线网络传输,增强偏远地区的网络覆盖能力,以实现全球 2/3 人口的高速互联网接入率。

2.2.4 高速公路应急技术发展现状

高速公路应急管理工作主要依托指挥调度与应急管理平台,指挥调度与应急管理平台的核心目的就是使高速公路管理者能实时掌握路网运行的状态,实现指令的上传下达、突发事件的及时发现与处理、路网资源统计与查询、数据的统计与分析、信息的采集与发布。

指挥调度与应急管理平台主要包括:日常运行管理调度、突发事件处置调度、路况信息发布、日常检查、数据统计和日常管理六个方面业务内容。指挥调度与应急管理工作是高速公路管理的重中之重,是整个路网运行的大脑和中枢。此项工作的重要性,表明平台的建设既要采用先进的信息化技术又要契合实际的业务管理工作。

应急系统研究主要包括组织结构、资源配置与调度、预案管理等功能性内容,还包括可靠性、规范化、效率分析等非功能性内容。工业界的学者则更关注高速公路应急系统的设计与构建,其致力于通过设计并部署融合多种先进的科技方法与管理理念的系统,使各类救援人员能密切配合、高效联动。这些研究主要从高速公路应急的功能框架、逻辑架构以及软件与硬件架构等角度介绍了高速公路应急系统平台的建设,为后期系统优化提供了基础的同时也被实际应用。

发达国家高速公路建设通车时间较早,已建立了完善的应急管理体系,对于高速公路交通事故的紧急救援形成了一套比较成熟的处置办法。例如对事故的检测、确认到事故的最后处置的全过程开展管理工作,并采用了先进的技术信息服务(TIS)技术,包括监控技术、时态地理信息系统(T-GIS)技术、全球定位系统(GPS)技术、数据库技术和计算机技术,实现了应急救援人员密切配合和有效联动,达到快速、有效地开展应急救援工作的目的。

1)国内高速公路初步建立高速公路应急管理体系

针对高速公路突发事件,国内高速公路运营公司已初步建立高速公路应急管理体系，编制了《高速公路运营有限公司突发事件应急预案》，积极推行规范化、标准化应急处置流程。

针对应急事件处置已投入使用企业短信平台客服综合业务管理系统、GPS车辆管理系统、视频监控系统、电力监控系统等独立业务系统软件，覆盖了应急事件处置的通知、设备控制、资源调度、安全保障等方面。

将基于GIS的可视化应急处置平台作为应急事件处理的中心枢纽，监控中心屏幕作为相关信息呈现的主要载体，能够把高速公路各个子系统的相关数据集中呈现（如实时视频、可变信息标志数据、车检器数据、GPS车辆、隧道信息、气象信息等数据信息），满足管理者对高速公路网的总体运行状况进行把控的需求，打造了智能、高效、便捷的新一代监控指挥模式。应急处置平台具备以下功能：

(1)基于GIS的资源聚合。

针对事件应急处置，平台对相关所需资源进行关联整合，包括应急值班人员、相关设备（实时视频、可变信息标志、车检器、交调站、气象检测器等）、相关设施（收费站、应急仓库等）、事件信息（事件列表、事件基础信息、事件详细进展、智能化预案）等，支持相关数据的查看，实现资源聚合。

(2)基于设备的自动报警。

支持设备自动报警，包括一氧化碳与能见度检测装置(CO/VI)、紧急电话、手动报警、感温光栅、感烟探测器报警、感温探测器、视频事件监测等数据。当子系统接收到报警数据后，应急处置平台会将报警设备在地图上自动定位，形成闪烁报警效果，应用主动发现、主动报警的智能感知模式。

(3)相关视频自动开窗。

基于设备自动报警信息，可根据报警位置自动关联附近相关视频，并在大屏上自动打开，为监控员提供实时的现场视频，避免了传统模式中依靠人工来定位视频的不足，有效提升了监控效率。

(4)智能化预案。

根据事件类型及事件严重度制定相应应急预案和日常常规处置预案，编辑大屏幕联动、消息通知、控制诱导、视频管理、资源管理等模块中涉及的各项操作，帮助监控人员自动对不同事件类型和情况做出切合实际需要的操作。事件进入应急调度处置后,自动加载匹配度最高的预案,载入预案中设置的相关联动单位、可变信息标志等控制诱导设备。若系统没有匹配到合适的预案,则默认执行通用预案配置的项目。

(5)事件处置全流程监管。

对事件处理全过程进行监管,包括录入事件信息、新增事件进展、控制设备、人员通知、资源调度、事件结束、事件归档等。形成按照时间顺序的事件进展数据汇总,包括多联动单位上报的数据,以监控中心为指挥枢纽进行全景式指挥。

(6)基于移动 App 的协同管理。

对于事件处理过程中的信息滞后问题,提出基于移动 App 的事件协同管理。利用移动 App 的事件管理模块,排障、养护等现场工作人员可通过图像、文字、语音、视频等多种信息数据实时回传至监控中心,打通监控中心和现场人员的信息通路;同时,基于公共 4G 网络的移动应用打破了高速公路管理人员与外单位的系统隔离,协助交警、路政、应急办等各单位人员共同参与到应急事件处置过程中,实时监督事件处理全过程,及时调整处置策略,快速联动各方人力资源。

2)港珠澳大桥现行应急预案管理与应急处置系统

港珠澳大桥智能化应急预案管理与应急处置系统于 2010 年开始研发,系统包括计算机端和手机端两个部分。系统计算机端共有 5 大模块,分别为通知公告、应急响应与处置、应急管理、应急培训与演练、辅助决策。

(1)通知公告。

该模块包含通知公告管理、事件处置通知公告两个部分。

通知公告管理是有通知公告管理权限的用户对通知公告进行管理的部分,此栏有以下四项功能:①新增通知公告;②查看已保存/发布的通知公告;③编辑已保存/发布的通知公告;④删除已保存/发布的通知公告。事件处置通知公告是无通知公告管理权限的用户查看所发布的通知公告内容的部分,支持通过输入标题关键词对历史通知公告进行查询。

(2)应急响应与处置。

该模块包含事件接报、应急响应、事件处置三个部分。

事件接报适用于监控中心接报事件及响应Ⅳ级、Ⅴ级事件;应急响应适用于应急指挥中心和应急办响应所有级别事件;事件处置适用于各应急工作小组在处置过程中查看事件信息和应急指令。

(3)应急管理。

该模块包含应急预案、职责与资源和通讯录三个部分。

应急预案包括广东省应急预案、珠海市应急预案、管理局应急预案和营运合作单位应急预案。可将各类应急预案文本传入系统中,点击预案名称即可下载查看。职责与资源包括小组管理、内部资源和外部资源;小组管理可查看各应急小组职责、负责人电话及小组成员等信息;内部/外部资源可查看各站点包含的资源信息。通讯录包括政府部门通讯录、管理局通讯录、专家通讯录、合作单位通讯录和社会媒体通讯录。各通讯录下可查看相关人员信息。

(4)应急培训与演练。

该模块包含应急培训和应急演练两个部分。

应急培训包括培训计划、培训视频、培训文本、考核题库、培训考核、成绩档案和试卷定制管理;应急演练包括演练模板、演练方案和演练评估。

(5)辅助决策。

辅助决策中嵌入了《港珠澳大桥突发或计划性事件交通控制与诱导控制预案》,可帮助使用者尽快找到解决方案。

2.2.5 应急技术的现状和问题

近些年应急技术飞速发展,但是依旧存在一些问题和不足,通过对国内外应急技术现状的研究与分析,以港珠澳大桥现行应急管理系统的实施情况总结应急技术问题如下:

(1)应急处置反应速度慢,效率低。

在目前大数据的背景下,由于数据存在多种类型,应急活动参与者难以从大量的数据中快速提取出有效的内容,这使得应急处置过程效率较低;日常人员、物资巡查等工作烦琐,管理难度大,工作人员的状态无法及时确认,这都会影响应急处置的效率和秩序。

(2)应急处置方案科学性不足。

实际的应急决策流程一般为专家碰头,召开应急会议,制定处置方案,这使得应急处置方案的科学性难以保证。

（3）应急处置方案应变能力差、灵活性不足。

应急处置方案受到时空机制的影响，如果在某个特定的时间和地点，方案的某个步骤不能及时响应，那么应急处置的效果就会大打折扣。现在的应急处置方案都是静态的，无法根据不同的事件和情况进行调整和优化，应急处置的灵活性不足，处置质量难以保证。

（4）应急处置方案的正确性难以保证。

在突发事件发生时，能否精确推演突发事件的演变过程和路径是应急处置过程中的重点和难点。想要保证处置的正确性，实现有效干预，防止突发事件的影响进一步扩散，就必须对突发事件的演变机理和路径进行精确推演，避免盲目或错误的决策，减少损失。

2.3 公路交通应急新技术

交通运输应急管理是我国应急管理体系的重要组成部分，广东省于2023年10月1日起施行的《广东省安全生产条例》中第三十三条就明确提到了："生产经营单位应当加强安全生产标准化、信息化建设，结合本单位实际推动机械化、自动化、智能化改造，提高安全生产水平。矿山、金属冶炼、建筑施工、交通运输、危险化学品、民用爆炸物品等高危行业、领域的生产经营单位，应当按照国家和省的规定对重大危险源、重点场所、重点工艺、重点部位等的安全风险进行实时监测预警。鼓励其他生产经营单位运用信息化技术手段，开展安全风险监测预警……"，交通运输行业明确地被划为了高危行业领域，也明确地提到了"智能化改造""信息化技术手段"等关键词。

按基础设施与运输装备进行划分，交通运输行业领域包含了铁路、公路、水路（内河航道与港口）、民航与城市客运，以2022年我国统计数据为例，货运总量中公路占比73.3%，客运总量中公路占比63.5%，公路交通不论在货运总量还是客运总量（除城市客运）中都是主要占比（来源于2022年交通运输行业发展统计公报）。

本章节主要是针对公路交通应急新技术的应用及发展进行阐述。在公路交通行业的应急突发事件全生命周期中,从事前预测防范、事中快速响应处置、事后评估复盘的横向时间轴角度考虑,技术需求涉及的领域十分广泛,包括数字孪生技术、5G 移动通信技术、北斗导航通信技术、人工智能技术和物联网技术等。

数字孪生技术可以建立真实世界与仿生世界的关联,实现对交通系统的实时监测和仿真分析,从事前预测防范角度来说,可以更好地提前预测和应对突发事件;5G 移动通信技术提供高速稳定的网络连接,提供对交通数据实时传输和共享的技术支持,为事中阶段的快速响应与处置提供了更加快捷的信息传输渠道;北斗导航通信技术可以提供精准的定位服务,用于紧急救援、路线规划等突发事件应急救援处置的场景;人工智能技术通过对交通运行状态的识别与分析,提供智能化的交通监控和指挥调度方案,助力业务部门快速响应并决策;物联网技术通过路侧各类设施传感器的互联互通,实现设备状态的实时监测和远程控制,以提高应急处置的效率与安全。以下从应用场景来对各项新技术分别介绍。

2.3.1　5G 移动通信技术的应用

第五代移动通信技术(5th generation mobile networks,5G)是最新一代蜂窝移动通信技术。其峰值理论传输速度可达 10Gbit/s,比 4G 网络的传输速度快数十倍,延迟也仅有 4G 的十分之一不到,5G 具有大带宽、低时延、多接入三大特性,如表 2.3-1 所示。

5G 技术性能对比　　　　　　　　　　　　表 2.3-1

指标	1G	2G	3G	4G	5G
起始/部署时间	1970s/1980s	1980s/1990s	1990s/2000s	2000s/2010s	2015s/2020s
理论下载速度(峰值)	2kbit/s	384kbit/s	21Mbit/s	1Gbit/s	10Gbit/s
无线网络往返延迟	—	600ms	200ms	10ms	1ms
单用户体验速率	—	—	440kbit/s	10Mbit/s	100Mbit/s
标准	AMPS	TDMA/CDMS/GSM/EDGE/GPRS/xRTT	WCDMA/CDMA2000/TD-SCDMA	TE-FDD/LTE-TDD/WiMax	5GNR(未定)

续上表

指标	1G	2G	3G	4G	5G
支持服务	模拟(语音)	数字(语音、短信、全IP包交换)	高质量数字通信(音频、短信、网络数据)	高速数字通信(VoLTE、高速网络数据)	高速移动宽带(eMBB)、广域物联网(mMTC)、高可靠低延迟物联网(URLLC)
核心网	PSTN(公共交换电话网)	PSTN(公共交换电话网)	PS-CSCore(包-电路交换核心网)	EPC(全IP分组网)	5GC(虚拟化、网络切片、边缘计算)
单载波带宽	—	200kHz	5MHz	20MHz	10~200MHz

早在3G/4G的普及过程中,业界就曾经尝试将移动通信技术与公路交通进行结合以探索智能交通系统的可能,但3G/4G数据传输速率的低上限与高时延限制了智能交通体系的进一步发展。伴随着5G技术的研究应用与普及,3G/4G时代公路交通系统智能化进程中的通信难题将迎刃而解。但从整体上看,我国5G商用尚处于初期阶段,当前5G在智能制造、远程医疗、智能驾驶、海岛旅游、金融领域等垂直行业有了较多的应用案例,但在关系到公路交通安全的应急领域,基于5G的公路交通应急技术应用并不多见。随着5G网络的推广,极低的网络延时与大带宽等特性将大幅提高应急突发事件状况下的通信效率,助力打造基于5G无线通信的新一代公路交通应急指挥体系。下面从多媒体通信、互联与指挥调度、5G+卫星三方面来具体描述5G技术的应用场景。

1) 强大的多媒体通信能力

通信链路的畅通与否将直接关系到救援指挥的成败,通信链路的带宽、时延对现场指挥中心的业务直接构成影响。利用5G技术高带宽、高速率、低时延的特性共享高质量的语音、视频、数据等资源,做到全业务全要素的互联互通,将大幅提升应急指挥效能。原先3G/4G应急指挥体系中,视频应用存在明显的问题:

一是视频带宽受限,无法全方位多视角了解灾情现场。目前如果发生一场较大火灾,超过一定数量的4G单人设备同时向指挥中心回传高清视频,实时画面会有明显卡顿。

二是较高的延迟导致无法直接在第一时间获取灾害现场的视频来帮助指挥人员进行指挥决策，报警人也无法在拨打报警电话过程中将现场视频直接传回指挥中心。

5G 的大带宽和低时延特性，是解决视频传输问题的最佳手段，5G 将真正实现随时、随地、随身的应急多媒体通信能力。基于 5G 网络，将帮助报警人或者现场人员直接在语音通话时，将现场第一手的视频信息回传到指挥中心，无须安装任何第三方 App。指挥中心在确认后可选择将现场视频直接通过 5G 网络分享给相关的领导和专家，将大幅提升指挥调度和决策的效率。此外，还可根据需要将 5G 无人机、其他的道路监控视频等信息通过 5G 网络进行分发和共享。

2）万物互联与智能指挥调度

基于 5G 技术，可实现道路沿线所有感知设备的数据实时接入指挥中心，灾害现场的各种装备（如指挥车、单人设备等）实现信息互联，构建出万物（资源、人、装备）互联的孪生世界，实现从目前常见的事后应急管理向事前风险管控转变。

基于 5G 技术与融合通信技术的结合应用，建立一张图的指挥调度系统，实现多路 5G 高清视频回传，后方指挥中心和现场指挥员可以利用视频全方位、多角度地掌握现场情况和实时态势，同时所有图上资源、力量的状态信息实时同步，为现场指挥中心与各级领导构建跨地域、跨网络、跨终端的指挥体系。

3）5G + 卫星的应急通信技术

5G + 卫星的技术融合，使得卫星可作为 5G 传输回传的太空基站，尤其是近些年 5G 与北斗的技术融合，5G 解决了数据高速率传输的问题，北斗解决了高精度定位的问题。同时近年来低轨带宽卫星发展迅速，高频段便携设备逐步普及，5G 与低轨宽带卫星的深度融合将成为应急通信领域的核心技术之一。

公路交通突发事件中的应急通信场景常常环境恶劣、配套贫乏，如山区高速公路面对的自然灾害、隧道火灾、长隧道交通事故等突发事件。在地面网络临时中断、基础设施整体损毁或边远地区原先通信配套设施薄弱情况下，太空中的卫星通信在此类场景脱颖而出。在此类场景中,5G+卫星可靠稳定的特性可以满足每个作业队伍与受灾用户最基本的语音通话、数据传输等业务需求。

2.3.2 物联网技术的应用

物联网指的是将无处不在的末端设备和设施[包括具备"内在智能"的传感器、移动终端、工业系统、数控系统、家庭智能设施、视频监控系统等和"外在使能"的设备,如贴上RFID(Radio Frequency Identification,射频识别)的各种资产、携带无线终端的个人与车辆等"智能化物件或动物"或"智能尘埃"]通过各种无线、有线或短距离通信实现互联互通,实现对"万物"的"管、控、营"一体化。简单来说,物联网就是物与物、人与物之间的信息传递和控制。

在公路交通安全领域,物联网技术已经广泛应用于预警与监管。

1) 公路交通系统中的预警类应用

在公路交通系统中,通过物联网技术在暴雨、滑坡、地震、团雾、雷暴等自然灾害预警以及高边坡监测、桥梁结构健康监测、隧道漏水监测等结构损毁监测预警方面的广泛应用,有效提升了公路交通系统的风险管控能力,保障了公路交通的安全性通行环境。

以高速公路的环境安全监测预警为例,基于物联网技术的高边坡损毁灾害监测系统,通过外场多种传感器、测量机器人等物联网设备通过无线或有线的方式采集数据至后端数据系统,一旦达到设定的告警阈值则向监管人员发出预警,实现了高危边坡的自动智能化监测。基于物联网技术构建的道路结冰监测系统,通过前端的物联网传感器监测路面结冰情况,为道路营运管理人员进行预警提醒,大幅降低了交通事故的安全隐患。

2) 公路交通系统中的监管类应用

在交通流量检测上可引入基于RFID技术的车流量检测模块,将嵌有超高频无线射频识别芯片的"电子车牌"安装在机动车上,并在道路关键位置安装RFID读写设备,基于此精准记录车流量情况,又或者可依托智能网联的RSU(Road Side Unit,路侧单元)与OBU(On Board Unit,车载单元)的交互实现对道路通行车辆信息的实时记录分析,同时还可结合道路电子监控、前端传感设备获取的车流量数据,全方位多途径实现对道路交通车流量的实时监测。

交通运输管理单位需要对车辆运行过程中的基本情况进行全过程监管,基于物联网构建的智能调度和监控系统可帮助道路管理者掌握运输企业车辆动态情况。例如,可以将嵌有超高频无线射频识别芯片的"电子车牌"安装在大货车的特定区域,电子车牌中存有车辆的车牌信息、行驶证信息、营运信息等数据,并且受高安全性的密码算法保护,又或者可以在车上装载智能网联车载终端OBU实现对车辆运行状态与轨迹的实时跟踪。同时,配合卫星定位与导航、地理信息系统等手段,道路管理人员可实现对车辆在运输环境状态下的实时感知,实现对运输的全过程监控。

3)物联网+5G的万物互联应用

物联网+5G的应用是指利用5G网络与物联网技术连接各种终端设施,构建一个无处不在的超大规模信息系统,相较于4G,5G具有更高的速度、更低的延迟和更广泛的连接能力,这些特点使得5G成为物联网发展的关键驱动力,为物联网带来更多的应用场景和发展空间。

在公路交通的安全应急领域,5G+物联网目前主要应用在路侧的各类传感设施,用于提供各类预警。基于5G的NB-IOT(Narrow Band Internet of Things,窄带物联网)智能消火栓已经应用于国内部分新建的公路隧道,此类智能消火栓可实现水压监测、漏水监测、偷水监测等功能,当有人违规扭动消火栓时,消火栓中的倾斜开关会发生位置偏离并导通触发报警装置。报警装置可实时将报警信息传至监控中心,实现及时报警,同时表井内安装测控终端采集管道压力,将压力数据传输至消火栓防盗水报警装置上,再定时传输至监控中心,确保公路隧道的消防用水安全。在公路隧道内,智能消防水压计、电子水尺、空气质量监测、可燃气体探测、手动火灾报警按钮、安全出口指示灯等也广泛地应用了5G+物联网的融合技术。

在未来5G+物联网的技术融合应用逐渐成熟并大规模推广的前景下,在公路交通安全应急领域,将可以实现更加精细化的现场数据采集、回传,以及利用沿线路侧设施更加快速高效地进行灾害现场先期处置,最大限度地保证公路交通系统的稳定性与安全。

2.3.3 北斗卫星导航技术的应用

北斗卫星导航系统(Beidou Navigation Satellite System, BDS)是中国自行研制的全球卫星导航系统,也是继 GPS、GLONASS 之后第三个成熟的卫星导航系统。北斗卫星导航系统和美国全球定位系统(Global Positioning System, GPS)、俄罗斯格洛纳斯(Global Navigation Satellite System, GLONASS)、欧盟伽利略(Galileo Satellite Navigation System, GALILEO),都是联合国卫星导航委员会已认定的供应商,也是现今世界范围内仅有的四个全球卫星导航系统。北斗卫星导航系统由空间段、地面段和用户段三部分组成,可在全球范围内全天候、全天时为各类用户提供高精度、高可靠的定位、导航、授时服务,并且具备短报文通信能力,初步具备区域导航、定位和授时能力,定位精度为分米、厘米级别,测速精度 0.2m/s,授时精度 10ns。

当前,虽然北斗系统从技术、性能、成本、市场接受程度等方面与 GPS 还存在一定差距,但随着北斗卫星导航系统正式提供区域导航服务,北斗系统迎来了政策与技术上发展机遇期,与 GPS 的差距正逐渐缩小。从技术角度来看,北斗系统已经掌握并突破了一些关键技术,同 GPS 的行业应用形成竞争态势;在公路交通的应急安全领域,基于北斗系统的高精度定位与通信技术实现了实时、动态、无盲区的灾害现场应急移动通信,可以掌握灾害现场的每个点位信息,同时也使应急救援更加精准、高效。

1)车道级的高精度定位与抗干扰能力

作为导航定位系统,定位精准是"硬技术"。在定位精度方面,由于北斗卫星导航系统采用的是 3 频定位卫星,精度平均可达水平 4~5m、高程 5~6m,这比 GPS 系统平均 8m 范围左右的定位精度更高。基于北斗系统的卫星定位和传感器融合技术,车辆能够在卫星信号丢失的情况下,依据传感器进行惯性导航,尤其是处于长隧道或偏远地区的高速公路时,仍然可以获得准确的位置更新。车道级的高精度导航实现了对车辆的实时定位和对行驶状态的实时监控,通过预先设定的电子地图引导车辆行驶,实时调度和掌握车辆在道路运行过程中的相关数据,以此为车辆安全通行提供最大化的保障,同时也有效克服了应急突发事件后的位置定位精度问题。

在公路交通领域,复杂的交通运行环境使得导航以及定位系统往往需要具备一定的抗干扰能力。北斗系统在通信信道上采用三信道设计,而 GPS 采用的是双信道设计,从理论上讲,北斗卫星导航系统的抗干扰能力是 GPS 的 2 倍,加之通信盲区少,对于大范围的数据采集和监控管理,北斗系统会更加高效便捷。基于北斗卫星导航系统可以更好地实现高速公路、隧道、城市、停车场等区域的监控管理及突发事件分析等,例如一辆装配了北斗系统导航服务的客运车辆,一旦出现车辆超载、偏离线路、疲劳驾驶等情况,内置的北斗系统终端就会向驾驶员发出警报,同时将报警信息和车辆信息上传至监控中心;除此之外,客运车辆在行驶途中如果遇到紧急状况或突发事故,还可以通过北斗系统终端发送求救信号。

2)"定位+通信"的双重功能

除高精度定位外,北斗系统具有 GPS 所不具备的通信功能。目前,GPS 只能定位使用者所处的位置,但不能通信,而北斗系统不仅可以精准定位使用者的位置,还能将使用者的位置信息传送给第三方。

当车辆在偏远地区公路遇到危险时,驾乘人员在求助过程中,GPS 和卫星电话是必不可少的两件东西,二者缺一不可,由于 GPS 只能起到定位作用而无法实现通信,当 GPS 定好位置后,驾乘人员需要利用卫星电话告诉救援人员自己的确切位置,以推进救援进程。但使用一部卫星电话是非常昂贵的,北斗系统在亚太地区布网后,就可以通过安装在车辆上的北斗系统车载终端的双向短报文功能进行一键求救,北斗系统终端会自动把附带定位信息的求救短信通过卫星发送给救援人员,从而达到及时救援的目的。

2.3.4　数字孪生技术的应用

本质上讲,数字孪生是利用物理模型、传感器更新、运行历史等数据,集成多学科、多物理量、多尺度、多概率的仿真推演,在虚拟空间中完成映射,从而反映相对应的实体装备的全生命周期过程。数字孪生有几个关键的要素或者技术特征,一是仿真,业界部分观点认为无仿真不孪生,数字孪生系统就是需要进行建模与仿真;二是虚实交互,与传统仿真相比,数字孪生的另一个特征是虚与实之间的相互映射;三是闭环优化,数字孪生不仅是对系统现状的再现,也需要优化系统运行从而实现闭环。目前来看,大部分对数字孪生的研究或其工程应用还处于初级阶段,即物理实体数据的实时监测、数字模型的实时更新、系统状态三维可视、部分场景下的孪生可控,此为现阶段大部分数字孪生技术应用的现状。

在公路交通体系中,高速公路的各项数字化试点应用走在前列,随着数字化程度的不断加深,丰富、全面、实时、高效的道路交通感知信息为基于数字孪生技术驱动的精准决策提供了数据基础与平台条件。

全要素感知、中微观一体化是数字孪生技术在公路交通应急安全领域最重要的两项核心能力。全要素感知是通过多种外场感知设备的应用,来实现具有更高的准确性和时间分辨率的感知,可有效解决以往视频监控不能适应多种复杂环境的问题,同时提供了对实时交通精准时空数据的有效采集。中微观一体化是基于精准时空的能力,提供事件发现、精细甄别的应用,微观上能够在数字世界中针对具体车辆进行精细化判断与计算,从而提供针对单车预警及告警的伴随式应用,如不良驾驶行为警示、道路突发事件预警等;中观上结合 AI 算法来解决以往算法精度有限、可用性与可靠性不足的问题,可以对高速公路上运行中的车辆进行急加速、急减速、违规变道、压线等风险状况进行精准的时空同步,有助于风险的分析决策。结合具体的应用场景,数字孪生技术在三维可视化运营、特殊路段的运行监测、交通事故可视化重现、"两客一危"[1]监测预警等方面有效地提升了高速公路通行的安全性。

1)三维可视化运营

实时数字孪生系统通过高速公路交通基础设施的三维建模提供精细化、全要素、多维动静态交通信息,结合道路的多源状态感知信息,将交通实体对象信息转化为可视觉呈现、可复杂计算、可动态管理的 3D 虚拟现实目标,从而构建更精准、可预测的高速公路智慧营运管理及养护平台,显著提高对高速公路机电设施、基础设施及交通运行状态的监管、维护、控制能力。

2)特殊路段运行监测

高速公路路网环境中,因地理特征及修建工艺的问题可能导致桥梁、隧道、

---

[1] "两客一危"是指从事旅游的包车、三类以上班线客车和运输危险化学品、烟花爆竹、民用爆炸物品的道路专用车辆。

边坡、涵洞等重点区域较易发生地质灾害。通过数字孪生系统可以充分利用分布式传感光缆监测数据、视频结构化数据等分析结果，结合高灵敏路段气象传感器、分布式应变分析仪等设备，可对这些特殊路段极易发生的塌方、滑坡、断裂、振动等异常事件进行实时监测与预测，并为相关管理部门及道路使用者提供实时监测、预警等技术服务，使高速公路管理者对于特殊路段的安全监测更加精准、高效。

3）交通事故可视化重现

依赖于视频图像数据、三维雷达点云数据与车对外界的信息交换（V2X）非视距信息等基础数据，结合深度学习算法、多源数据融合处理等关键技术，可以实现在不同天气、光照等条件下对道路上的车辆、行人等动态交通目标时空信息的多维精准检测和识别，包括车辆的车牌、车型、颜色、尺寸、附属物及其行为信息如速度、加速度、姿态、方向轨迹等。上述信息可以实现将交通事故前、中、后期的事件及相关个体行为信息在数字孪生系统中进行全方位的动态可视化呈现，进而为交通事故分析、取证等精细化应用提供强有力的支持。

4）"两客一危"监测预警

"两客一危"车辆一旦发生事故，更有可能造成群死群伤、重大社会财产损失及严重次生灾害，因此"两客一危"车辆是高速公路营运管理的重点管控对象。不同于交通事故是对"点"的监测，"两客一危"监测需要实现的是对道路"线"和"面"的监测，基于数字孪生系统的多维数据呈现能力及高效计算能力，可以实现对"两客一危"的运行情况如行驶轨迹、疲劳驾驶、行车速度、运行姿态及超载、货物抛洒、路面温湿度等状态的实时监测，叠加高精度卫星定位信息、V2X泛在联网等信息及时空逻辑实现对监测车辆的"线状"视频轨迹融合，实现实时动态的可视化展现。另外，通过在高速公路数字孪生可视化平台中加载人工智能的预测预警算法应用，可以基于历史运行数据对个体车辆或驾驶员的行为进行预判、预警，从而大幅减少事故发生的可能性。

2.3.5 人工智能技术的应用

人工智能（AI）的蓬勃发展为我国灾害风险管理工作提供了一种新的发展思路和强有力的技术支撑。随着图像识别、自然语言处理、机器学习、专家系统和机器人等人工智能技术的快速发展与进步，人工智能已成为灾害风险管理方面的核心支撑技术之一，在防灾减灾救灾的过程中起到了积极的作用。在大数据、云计算和物联网环境下，基于人工智能技术的数据挖掘和风险评估技术能快速高效地对应急突发事件做出响应，凸显了人工智能技术在处理不确定性事件和复杂事件上的优势。由于具有强大且敏锐的数据挖掘与分析能力，人工智能技术在灾害预警、风险识别、灾害救援与恢复等方面均有运用，可为防灾、减灾、救灾工作提供及时准确的预警信息和决策方案，如表 2.3-2 所示为不同灾害风险管理阶段中人工智能技术的应用情况。

不同灾害风险管理阶段中人工智能技术的应用 表 2.3-2

阶段	分析目的	人工智能技术
灾前（预防准备、监测预警）	地质灾害风险评估与预警	径向基础函数网络
	洪水预测、自然灾害监测	遗传算法、人工神经网络群体机器人技术
	预测大坝故障	人工神经网络
	活火山观测	无人机
	水位预测	外生输入神经网络自回归和人工神经网络等
	洪水风险地图	卷积神经网络
	地震建筑损害分类	卷积神经网络
灾前（预防准备、监测预警）	滑坡风险、洪水风险识别	轮作林群、贝叶斯分类、卷积神经网络
	早期火灾探测	卷积神经网络
灾中（灾害响应、应急处置）	灾害图像检索	卷积神经网络、支持向量机、随机森林模型
	救灾优先级确定	卷积神经网络、语义分段模型
	地震破坏监测	多层前馈神经网络、径向基础函数神经网络、随机森林模型
	实时破坏地图	卷积神经网络
灾后（善后恢复、灾后重建）	震后损失地图	人工神经网络、支持向量机
	烧损区域地图	卷积神经网络
	灾后重建	计算机视觉、计算机图学

在公路交通的应急安全防范领域,人工智能的应用主要集中在视频图像的智能分析应用、交通运行预测、人工智能的辅助决策几个方面,以下分别展开介绍。

1)视频图像的智能分析应用

以高速公路为例,截至 2021 年年初,全国各省、地区的视频云联网工程已基本建设完成,已有超过 19 万路高速公路沿线[包括桥隧、服务区、收费广场、治超站点、电子不停车收费(ETC)门架及移动视频等]视频进行了联网共享,海量的视频图像数据为人工智能分析提供了场景库与素材库。视频图像数据经由人工智能分析所得到的交通流数据、交通事件识别数据、车辆结构化数据、车辆特征画像等数据信息使得高速公路的应急安全管理从被动变为主动,从突击管理变为长效管理,从粗放管理转变为精准管理,有效助力了高速公路的高效营运管理。

2)基于深度学习的交通运行预测

传统的交通运行预测往往利用数学公式或仿真软件对路网交通状况进行分析,这些方法大多需要一些假设条件以及非常复杂的模型校准过程。随着大量感知类智能硬件的普及,交通运行过程中采集的数据量越来越大,间接催生出了利用人工智能对交通拥堵、交通预测等方面进行研究的应用。深度学习作为人工智能的新兴方法之一,已成功地应用到了很多领域,比如自然语言处理、分类任务、图像识别等。深度学习通过多层体系架构来有效地提取底层数据的潜在特征,然后提供给高层进行分类与回归,通过收集交通运行过程中的海量数据,利用深度自动编码器模型对采集到的交通大数据进行训练,并在训练过程中对深度自动编码器模型进行不断地调整,最后利用调整后的深度自动编码器模型对交通运行状况进行预测。

通过对应急突发事件发生后的交通运行状况预测,可以很大程度上避免发生更加严重的次生灾害事件,同时将路网环境看作一个整体,某条道路上的应急突发事件对区域内整体路网也会产生随机的影响,若将路网运行状态抽象成一个时空变化的高维矩阵,通过学习矩阵各元素间的历史变化趋势,就可以更加精准地预测路网路段的交通运行状态。借助基于深度学习的交通运行预测,可以掌握应急突发事件后的区域级道路环境状况变化趋势,不但更加有利于及时有效地作出救援决策,也有助于维持整体路网环境的鲁棒性。

利用基于深度学习的人工智能方法同样可以高效挖掘日常运行状况下交通大数据中的有效信息,进而提升对交通流的预测精度,准确预测交通流量可以为改善交通拥堵提供依据,通过引导车辆选择合理出行路线,为常态化的安全风险预测、管控提供重要的支撑。

3)人工智能辅助决策控制

在公路交通系统的繁忙脉络中,任何微小的异常或事故都可能导致重大的影响,这使得针对突发事件的决策控制变得尤为重要。传统的应急突发事件管理决策方式与当今 AI 技术驱动的模式相比,存在着明显的差异和局限性,尤其是针对公路交通的各种突发应急事件场景。在 AI 技术的加持下并依托信息技术和数据资源,将形成一个具有辅助决策功能的智慧应急大脑。以高速公路场景为例,当道路普通事件升级为应急事件发生时,由于人为信息传递和处理的延迟性,经常导致响应的延迟。不仅如此,每次面对应急事件的场景、问题也都不完全相同,作为高速公路管理营运单位,需要第一时间对其进行有效的先期处置,这经常导致管理人员在面对不断升级的道路突发事件时,会"急、慌、忙",同时现场应急处置经验的积累与传承也是一个重要的问题。

通过人工智能技术,高速公路行业可以把辅助决策模型预训练技术接入道路突发事件应急场景。辅助决策模型可以根据历史数据和案例定制每一个细微场景的预案,同时建立专家级的道路突发事件处置经验库,根据不同的道路应急突发事件输入因子,结合细微场景预案与专家经验库,面向突发事件时可以立即推送最佳处理方案,助力一线员工与指挥者第一时间正确、高效地处理道路突发事件。

以一段具有长隧道的高速公路为例,管理人员可以通过 AI 数字人,语音调取路段内各点位的路、隧视频实时状况,在此基础上,辅助决策系统会同步路隧流量数据和视频监控数据,计算通行流量并给出明确数据,例如,某断面通行流量已占设计容量的 110%。在分析交通流量后,辅助决策系统会进行判断并给出明确的管控处理建议,"某隧道近半小时内,进出车辆数均已达一级管控标准,建议采用区域限行措施"。若管理人员对区域限行措施不熟悉,可通过语音询问辅助决策系统，系统便会化身为高速公路营运管理专家，详细列出区域限行的要点和实施方案，提出如何对区间内收费站进行限流、如何对隧道入口进行间断放行等措施。

当普通管控事件升级为应急突发事件，例如已经进行区域限行但还是因为区间流量过大导致隧道内发生了追尾交通事故时，辅助决策系统还可化身为高速公路突发事件专家，对处置人员上报的先期管控措施给出进一步建议，如："某线上行方向某隧道内 X 桩号下游滞留车辆数为 X 辆，建议开启 $X_1 \sim X_5$ 号车行横洞进行疏散，开启隧道内全段应急照明，封闭隧道入口，同时根据智能视频分析出上行方向的隧道内滞留人数为 X 人，建议进行区间广播诱导提示指令"。可对突发事件进行快速高效地先期处置。

在事件处置结束后，传统模式下需要团队人工进行记录、分析和总结，但通过人工智能技术辅助决策系统能够自动为处置过程生成详细的事件报告，同时分析预案的执行效果，自动提出针对性的改进建议，不仅可以为管理人员总结经验，也为辅助决策系统自身的迭代进化提供了案例库。

值得注意的是，流量超限与交通事故场景仅仅只是人工智能辅助决策系统在道路突发事件应急管理场景中的冰山一角，它的应用远不止于此，无论是面对各种复杂的自然灾害、极端天气、火灾、危化品泄漏等，人工智能辅助决策系统都能够为道路营运管理人员提供及时、精准的辅助决策支持，使得其对突发事件的处理不再有盲目和慌乱，而是胸有成竹的日常操作。公路交通领域是前沿的人工智能技术融入实际场景的典范，也是应急管理的方向标杆，在未来，不断迭代优化的交通人工智能辅助决策系统还将逐步进化为超大路网辅助决策系统，在更丰富、更多元的技术应用场景下赋能更多精细化模型的应用落地。

2.4 港珠澳大桥应急的理念创新

港珠澳大桥作为我国公路交通行业代表性的超大型跨海集群工程之一，在应急管理方面全方位综合性地应用了业界的 5G、物联网、北斗系统、数字孪生以及人工智能等新兴技术，同时践行了公路交通领域的应急新理念。在"事前"预测预防阶段,港珠澳大桥在公路交通领域代表性地提出了"天空地海"的四位一体感知监测理念,作为达到全域综合感知的核心基础,同时结合基础设施、人员、车辆、应急预案的数字化措施,实现了应急管理的常态化保障;为确保"事中"应急处置的快捷高效,港珠澳大桥提出了"应急处置演练一体化""应急一张图"的创新理念,以平战结合的思想为指导,高频次演练为举措来实现应急管理的常态化;"数据-知识-模型"多驱动的应急决策理念不但在"事中"阶段助力实现高质量的辅助决策,也在"事后"阶段推进了有效的复盘与总结。以下阐述了港珠澳大桥应急的创新性理念。

2.4.1 "天空地海"四位一体感知监测理念

在传统的公路交通,或高速公路行业内,监测手段主要依赖于路域之内的视频监控与各类物联网传感装置,对于路域之外或新型的监测手段虽然也有部分试点应用,但由于技术的可靠性问题与经济发展水平问题尚未得到大范围的普及。目前国内高速公路大部分地区仍以人工巡检为主,自动化的事件检测为辅。一方面是受限于高速公路特殊的线状结构,导致监测点位数量过多进而造成算力消耗巨大;另一方面是由于行业内感知监测的单一烟囱性,先进的无人机、移动车等装置无法与主流的路域感知监测达成统一的时空协同联动,导致感知监测无法最有效地为道路应急管理进一步赋能。

港珠澳大桥的"天空地海"四位一体感知监测理念是公路交通行业极具代表性的综合感知监测理念,除日常监管营运外,主要应用于应急突发事件前期的预防、预测,与应急突发事件处置过程中的现场数据信息采集以及回传。全面的感知监测手段是港珠澳大桥处理各种突发应急状况的坚实底层保障,可助力港珠澳大桥应急处置达到"看得清、算得快、检得准、效率高"的目标。

1)四位一体感知监测的安全预防

针对道路应急突发事件,先期的预防与预测是港珠澳大桥应急管理策略中的重要组成部分,而先期的预防与预测需要以全方位综合性的感知监测手段作为有效支撑。

"天",港珠澳大桥超长海底隧道内的空间定位需要依赖于北斗卫星的信号覆盖,但目前优质的北斗高精度定位算法只局限于少数科研院所,没有形成北斗高精度定位生态圈,同时也制约了北斗高精度定位的广泛应用。通过在港珠澳大桥沉管隧道封闭空间内新建北斗定位信号覆盖系统,结合港珠澳大桥和周边已有的北斗地基增强站资源,实现港珠澳大桥沿线北斗信号的全覆盖和高精度的服务能力,提供基于北斗导航系统的隧道内定位服务,使北斗系统成为港珠澳大桥重要的新基建设施之一,提供普遍、泛在、精准、安全、高效的定位以及导航、授时、通信等时空服务,为港珠澳大桥车辆、人员的日常出行活动提供可靠的安全预防与保障,如图 2.4-1 所示。

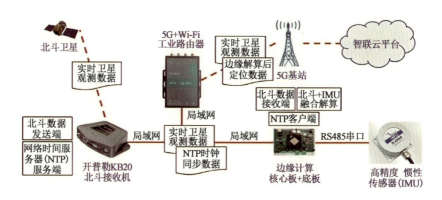

图 2.4-1　港珠澳大桥"5G + 北斗"的物联网通信定位方案

同时,港珠澳大桥构建了基于北斗的变形监测系统用以监测结构的变形。相比于传统的结构健康监测,北斗变形监测系统实现了全天候的实时监测,提高了设施安全监管的效率,有助于进一步实现预防、预测的结构健康安全保障目标。

"空",基于无人机群的巡查与监测,可以实现对跨海集群设施的巡检、无人路政巡查以及对海上态势的实时监控。基于无人机的高空视野,也可以对首次交通事故后的上游交通运行状况进行实时的巡查监测,辅助指挥中心动态调整管控措施。不同专业业务的无人机系统用于日常监测管控并进行数据互通互联,以弥补路侧固定点位的视频盲区,同时搭载先进的物联网传感器,实时或离线传输环境、道路、车辆、人员等各类监测指标,为港珠澳大桥的安全预防与保障提供了新型手段。

"地",地面的感知监测是港珠澳大桥的主要监测手段,全桥路侧共计安装有 500 多路道路监控摄像机。通过上千个传感器和监视点,监控中心实现了对整个大桥机电设备与道路交通运行环境的实时监控。

港珠澳大桥将密集的毫米波雷达也作为了常规的交通服务、监测设施之一，如图2.4-2所示。相比于视频类监测设备，毫米波雷达具有"全天候""高精度""低延时""无盲区"等特征，24h白天黑夜不间断的可靠监测，雨天、雾霾天等低能见度气候条件下不间断的可靠监测，太阳光斜射等强光干扰下的可靠监测。同时，作为数字世界与现实世界连接的代表性感知设备，毫米波雷达的多目标高精度识别与跟踪能力也助力了数字孪生系统对交通运行态势更加精确的监测与呈现。

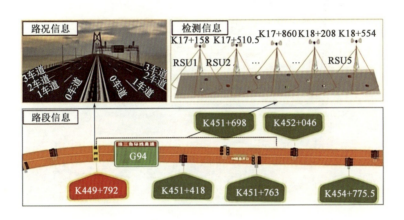

图2.4-2　港珠澳大桥的毫米波雷达监测示意图

港珠澳大桥通过配置磁吸附式、负压吸附式、轨道式、轮式等各类巡检机器人集群及其综合控制系统，结合5G通信技术，实现了对结构表面防护体系破坏、混凝土钢筋锈蚀、钢结构焊接部位及受力结构腐蚀损伤、沉管管节沉降变形、沉管隧道照明不足、排烟设施完好性受损等问题的抵近式巡检与维养，保障了机电设施的管养安全与稳定的交通运行环境。检测大桥结构健康的梁外检测机器人如图2.4-3所示。

"海"，目前行业内水下监测资源极其匮乏，大多采用"非专业船只+探测设备"的临时组合模式或潜水员探摸的方式，达不到水下结构状态感知的基本精度要求，而且效率低、风险高、经济性差。我国仅少数跨海大桥开展了河床、海床冲刷等监测工作，大部分桥梁及水工结构的服役状态无法被获知，导致对有安全风险的水下结构不能及时采取应对措施，带来了极大的安全隐患。针对上述问题，港珠澳大桥构建水下结构智能监测系统与大数据融合处理平台，综合利用智能化无人船平台集控技术、水下地形、地层以及水下结构立体感知技术，实现了对港珠澳大桥桥墩周边冲刷、人工岛斜坡堤结构周边冲刷、隧道顶部回淤等水下状态的监测,以及对水下结构物表观缺陷信息的监测,通过大数据融合处理及演化分析技术直观展示了综合智能感知结果,为跨海集群交通基础设施及海洋工程水下检测提供了有效的技术服务。港珠澳大桥结构精准检测水下机器人如图2.4-4所示。

图 2.4-3　检测大桥结构健康的梁外检测机器人

图 2.4-4　港珠澳大桥结构精准检测水下机器人

数据显示,自2007年以来,我国已发生重大船撞桥事故90多起,对交通大动脉造成严重危害。船桥防撞,一直以来都是世界级难题。目前国内外对船撞桥问题越来越重视,已经开展了多项相关研究,现有的桥梁防撞一般分为被动式和主动式两种,被动式桥梁防撞系统通过在桥墩附近修建防撞设施,阻隔或吸收船舶与桥梁之间的撞击动能,从而减少对桥墩的撞击动能;主动式桥梁防撞通过获取船舶高度、位置、航速、航向、航速等信息,结合桥孔通航净高等信息,预测出对桥梁存在风险的船舶,进而采取处置措施。相对于被动式防船撞手段,主动式防船撞能够针对船撞风险提前识别风险,进行预警,从而避免撞击,消除事故,保障了桥梁和过往船舶及人员的安全。但目前现有的有关船撞桥的设计规范过于简单,也没有系统性的解决方案,新的技术手段在桥梁主动防船撞预警领域应用较少,仍然存在许多问题有待解决。

港珠澳大桥的通航孔与非通航孔都有着船撞桥的风险,用于大型船只通行的通航孔桥墩的风险相对更高。目前,港珠澳大桥的防船撞工程按照"总体规划、分步实施"的原则,依次推进主动式防船撞预警[船舶交通管理系统(VTS)补充工程、桥区水域视频监控工程、预警工程]和被动式桥梁防撞(拦阻工程)工程,建成具备船舶通航信息服务、安全提醒、通航风险等级评估、偏航预警、超高预警、抛锚预警、限速预警、运行管理、智能分析等功能为一体的智能化主动防船撞预警系统。

2)四位一体感知监测的现场联动

在道路应急突发事件处置的过程中,现场数据信息的采集与周围环境的变化对于后方的指挥决策尤为重要,一方面需要保证现场多方位音视频数据与各类监测数据的实时回传,同时另一方面需要考虑道路上游车辆的通行情况以及路域范围外的环境变化情况。对于港珠澳大桥所处伶仃洋口的位置来说,既需要考虑道路沿线的人、车、路、环境四类因素,也需要考虑路域之外的海洋以及自然气候的变化。这就对应急突发事件处置过程中感知监测的协同处置提出了更高的要求。

"天",通过北斗卫星通信的高精定位功能,隧道内可以实现对车辆的米级定位,便于后方指挥中心更加精确地知晓每一辆救援车辆以及事故车辆的具体定位分布。同时,依赖于北斗卫星的应急通信功能,可以保证在常规通信系统中断时,现场可通过北斗卫星与后方指挥中心保持正常的通信,在港珠澳大桥路桥岛隧的复杂环境下也保障了救援人员互相之间的即时通信能力。

"空",通过无人机群的现场监测,既可以从全局视角宏观性地对现场进行监测,也可以弥补道路沿线固定摄像机的视野盲点,有助于提升中心指挥人员对现场的宏观观测能力；无人机群对道路突发事件演化的细微变化观测，有助于提升中心指挥人员对现场微观细节的监测能力。无人机群同时可以对事故点位的上游人、车进行一定的诱导提示与喊话功能，避免造成更加严重的次生事故。在极端的阻断性道路应急状况时，无人机群还可以实时监测海洋救援队伍的现场处置情况，保证路域内外资源的有效协同联动。

"地"，地面的感知监测手段是现场突发事件处置过程中最主要的手段，基础的地面路侧沿线感知手段依赖于港珠澳大桥密集的视频监控以及各类传感器监测，例如隧道内火灾或交通事故状况下，隧道内的烟雾浓度检测器与风速风向检测器对于污染物浓度、烟雾浓度、风速风向的监测结果，决定了隧道内的疏散救援时机与采取何种排烟灭火措施等。地面的感知监测手段也包含了各类移动单兵、救援车辆的音视频感知监测，在突发事件处置过程中可以更灵活高效地与后方指挥中心形成群组音、视频通话，大幅提高了应急处置过程中的沟通效率。

"海"，对于极端情况下的道路应急突发事件，一方面可以通过港珠澳大桥的海事救援力量协助道路的应急处置救援，另一方面海洋气候环境的实时监测可以保证道路应急处置方案的合理性，例如雷暴、暴雨天气时，下桥面发生重大交通伤亡事故，就需要对现场处置方案进行动态的调整与综合性的考虑。

2.4.2 应急全要素的数字化理念

港珠澳大桥应急全要素数字化的理念创新旨在通过运用先进的信息技术手段，对基础设施、人员、车辆、应急物资和应急预案等应急关键要素进行数字化的管理和整合，为应急处置过程中"快、准、稳"打下坚实的基础，同时大幅提高各个环节的业务流转效率。

1）基础设施的数字化理念

在公路交通系统中，深度运用大数据、三维建模、软件开发等技术，围绕公路建、管、养、运、服全生命周期实体业务，打造感知、分析、决策、执行的交通孪生系统，以数据为主要生产要素，以数据共享和智能化应用为驱动方式，赋能并优化公路勘察设计、施工建造、营运养护、出行服务、行业治理等内容，对传统公路交通系统的营运管理模式、服务模式、商业模式进行创新和重塑，实现公路交通行业的转型升级。

基础设施的数字化不单单是将图纸与现实世界的实体映射到三维系统或软件系统中,不管是路、桥、岛、隧等基本结构,还是交安设施、交通工程设施等路侧沿线设施,都需要重新定义其数字化的格式标准,通过三维建模、软件开发等技术手段建立数字化的基础设施数据库,再通过软件、虚拟仿真、VR等可视化方式进行呈现。同时港珠澳大桥的基础设施数字化理念具备以下明显特点:

一是全生命周期、全要素。覆盖建设、养护、营运、服务等全链条业务,为路网规划、勘察设计、施工建造、养护、营运、出行服务等方面进行赋能。

二是价值导向。数字化的本质是达到提质、增效的目的,基础设施数字化是交通行业治理能力现代化的重要基石,通过数字化可以为交通行业进一步实现规范、精准、公平、开放、共享的目标。

三是动态调整。存量、新增的各类型公路技术设施数字化的技术路径、发展目标都应该是动态的,包含对各个发展阶段的业务数据的动态采集、汇总、分析、应用等。

四是双向流动。"业务即数据",数字世界与物理世界活动的数据是双向流动的,且互为指导。

2)人员管理的数字化理念

人员管理的数字化理念是基于现代信息技术手段,将人员的信息、资质、位置等关键数据转化为数字形式进行记录、管理和调度,通过数字化,可以提高人力资源的有效利用率,实现在突发事件状况下人员的快速响应和协同作战。港珠澳大桥的人员数字化理念包含以下关键要素。

一是构建全面的人员信息系统:包括路方人员、救援队伍等各类人员的信息记录和管理,系统中通过对人员的个人信息、联系方式、工作经验、培训记录等内容的存储,用于快速查找和人力资源调配。

二是身份准入系统:借助人脸识别技术这类身份验证技术,对人员进行身份识别和准入管理。比如,在救援队伍中,每位成员的面部特征将被录入系统,并通过移动单兵设备的人脸准入系统进行验证后方可进入指定区域,这样可以有效防止未经授权的人员进入管控现场,确保处置过程中的现场安全。

三是实时定位系统:通过北斗导航定位技术,对管辖人员进行实时定位和追踪,人员配备的移动单兵设备可以实时传输位置信息,中心处置人员可以在地图上看到人员的具体位置及动态变化,并根据现场需要进行快速调度和指挥。在提升人员协同作战能力的同时,也提高了应急处置过程中人员之间的沟通效率。

四是构建资质管理和培训记录:在人员管理的信息化系统中,需要对人员的资质信息和培训记录进行存储。通过对人员资质的数字化管理,可以及时了解每位人员的技能水平和特长,并根据需要进行合理的组合和调度,同时系统也应记录每位人员的培训记录,包括参加的培训项目、培训成绩等,以增强人员的主观能动性为目标。

五是数据分析和统计:人员管理的信息化系统中积累了大量的数据样本,可以通过客观的数据指标来为管理人员提供有价值的信息,比如管辖人员的响应时间、管辖人员的到场率、管辖人员的处置平均时长等指标,用以评估人员的综合能力和表现。同时,一定程度上还可以根据历史数据进行预测,以便提前做好人员调配工作。

六是隐私保护和安全性:在人员数字化的管理理念中,隐私保护和安全性是非常重要的考虑因素,必须确保人员的个人信息得到妥善保护,防止未经授权的访问与数据泄露。

3) 车辆管理的数字化理念

车辆数字化理念的核心是将车辆与信息技术相结合,实现对车辆的定位、监控、信息共享与预警、应急救援调度,同时包含一定的数据分析与决策支持功能。利用物联网技术和位置服务技术,对港珠澳大桥上的行驶车辆进行实时追踪和监控,可以获取车辆的位置、速度、行驶路径等信息,用以实现对车辆的动态调控。

救援与巡查车辆通过搭载先进的北斗导航系统与车载通信设备,可以实时将自身的位置、状态、速度等信息传输给中心指挥系统。在应急突发状况时,管理人员可以在实时监控道路状况的同时查看应急救援车辆的点位分布与能动性情况,系统也可以自动推荐适合的救援车辆。指挥人员可以根据实际需求进行合理调度,提供最佳的行驶救援路线,缩短救援时间以提高救援效率。

4）应急物资的数字化理念

港珠澳大桥应急物资的数字化理念是通过数字化的定位、标识、共享、管理与分析实现对应急物资的全生命周期追踪和管理。

利用RFID、北斗、5G、蓝牙、无线通信等技术，通过现代化的传感器与监测设备实时获取物资的位置、数量、状态、属性等基本信息，对应急物资进行定位与标识，再通过统一的管理系统进行分布式的录入与存储管理，包括物资的库存、规格、质量、维护记录、出入库数量等。通过数字化的手段，提供统一的系统接口和数据标准，实现对物资信息的共享和互通，使得管理人员可以快速查询物资信息，并调度和共享物资。一旦发生紧急情况，应急系统可以根据实时数据和分析结果，快速响应并智能推荐所需的应急物资，以实现高效的应急响应。

基于物联网技术的各类监测手段，也可以对应急物资的缺失、过量、过期等异常情况进行预警或告警，便于管理人员及时地更换、补充应急物资。通过数据分析与统计反映各类的应急物资消耗使用情况，也为常态化的应急管理提供了可靠的数据分析支撑。

应急物资的数字化理念也包含通过采集和分析大量的历史应急事件数据和物资调度数据，构建相关的分析模型，实现对未来应急事件资源需求的趋势预测。物资管理人员可以通过大数据与人工智能的分析结果的辅助进行应急资源的采购、替换、补充等，制定更加科学合理的应急物资配置方案，提高应急突发事件的整体资源利用率，以达到提质增效的目的。

5）应急预案的数字化理念

目前大多生产经营单位已经按照国家应急管理的相关标准要求制定了各类应急预案，如综合应急预案、专项应急预案与现场处置方案，部分高速公路应对突发事件的应急预案也在一定程度上实现了从纸质化到电子化的转变，但离真正的数字化还是有一定的距离。港珠澳大桥应急预案的数字化，核心关键点在于"结构化""动态可编辑""可推演验证"和"可评价"。

港珠澳大桥应急预案"结构化"的理念是指综合应急预案、专项应急预案与现场处置方案都可以在系统中进行自动或半自动的结构化拆分。传统的纸质预案与电子化的预案虽然内容十分详尽全面,但在应急突发事件的处置决策过程中,往往难以迅速地找到关键性的处置措施与先期管制方案。通过自动或半自动结构化的拆分与重组,更加有利于在应急突发事件处置过程中实现告警数据与处置措施的智能化匹配,这是辅助指挥人员决策的重要方法之一。

港珠澳大桥应急预案"动态可编辑"的理念主要是指现场处置方案的动态可编辑,综合应急预案与专项应急预案涉及的组织机构职责、保障措施、处置原则、事故分类分级等内容一般经 1～3 年频次的修订与评估,原则性的内容往往改动不大。但现场处置方案种类繁多,且各类管制方案会经过应急演练不断地更新迭代,在应急突发事件处置过程中也会根据现场情况进行动态的调整,这种情况下数字化的应急预案就具备"动态可编辑"的能力,同时也对于每一次应急事件不同的现场处置方案进行记录,为整体应急预案的更新迭代提供了可靠的基础。

港珠澳大桥应急预案"可推演验证"的理念主要是指应急预案需要经得起在日常状况下的高频次推演与适用性验证,应急预案制定的目的之一就是需要适用于常态下的推演、验证,借助于数字化系统对现场处置方案进行高频次推演,推演过程及结果可以作为应急预案修订评估的重要依据之一。同时受限于人工评估的局限性,数字化预案结合推演系统的人工智能验证方法,可以有效地解决应急预案的适用性问题,保证每一条现场处置方案都是经过系统可靠性验证的,助力实际应急处置过程中操作的精准性与正确性。

港珠澳大桥应急预案"可评价"的理念是指应急预案在"结构化""推演验证"之后,可以通过数字化系统与人工智能结合的方式,对应急预案进行有效性的指标性评价,主要针对动态多变的现场处置方案。传统的应急预案一般经由 1～3 年的修订评估,但缺乏相应的评价方法与评价指标,借助于数字化系统结合推演验证的结果,对应急预案的各类专项预案、现场处置方案进行可量化的指标性评价,在一定程度上可以大幅优化应急预案对于实际应急突发状况指导的精准性。

2.4.3 应急管理常态化理念

传统的应急管理理念的重心往往在于事故发生后的处置与治理工作。自 2018 年国务院成立应急管理部以来,我国的应急管理理念已经逐渐朝着常态化风险管控、平战结合的目标靠拢。常态化的风险管控可以有效摆脱传统应急管理滞后性的弊端。对于风险,应当从源头上进行规避与防范,同时依托于平战结合的形式避免应急突发事件发生时处置措施的低效与滞后。港珠澳大桥从物资、人员、系统、预案四方面来践行应急管理常态化的理念。

港珠澳大桥对于应急物资的常态化管理理念,是基于对应急物资的数字化,形成有效的对应急物资的定位、标识、共享、分析措施,同时结合对应急物资的精细化管理措施,将应急物资进行日常性的巡检与系统可视化地呈现,再通过日常应急演练的实际验证来确保突发状况下对应急物资的高效调度。

港珠澳大桥对于人员的应急常态化管理理念,同样是基于对人员的数字化,通过对人员日常的突发事件培训与演练实操考核来提升人员应急知识的储备与现场能力,实现人才培养的同时也提高了港珠澳大桥整体的应急管理能力。

港珠澳大桥对于系统的应急管理常态化理念,主要是以平战结合为目标,通过高频次虚实结合的仿真演练,验证港珠澳大桥各营运系统如监控系统、事件监测系统、排烟系统、灭火系统、气象预警系统等信息化系统对应急突发事件的处置效率,保证数字化和智能化应急的可靠性。

港珠澳大桥对于预案的常态化管理理念,是基于对应急预案的数字化措施,对纸质预案结构化的同时辅助以高频次的推演验证,同时进行有效性的评价,使得应急预案不再成为"正确的废话",而是成为每一次应对应急突发事件时可以依赖的核心决策库。

2.4.4 应急处置演练一体化理念

应急处置演练一体化是应急管理常态理念中平战结合思想的重要实践方法之一。业界传统的应急演练更多的是以固定的演练脚本来进行实景演练,往往不足以表现复杂环境下的应急事故突发情况,加之成本过高,只能以较低的频次进行,不足以积累应对突发事件宝贵的处置经验。

港珠澳大桥在公路交通上代表性地提出了交通平行系统与数字孪生技术相结合的应急处置系统的一体化理念。通过数字孪生技术的应用加载,结合各类灾害事件动态演化算法,实现"无脚本"的动态虚拟仿真演练,在数字世界中的演练同样会应用到应急处置系统,解决了高频次演练的成本问题,也通过应急演练系统与应急处置系统的有机结合实际地验证了应急智能化系统的可靠性。

在应急处置演练一体化理念中,充分发挥了数字孪生技术的优势,利用最优化方法实现了对车辆群体的主动管控决策。应急处置系统利用虚实结合的交通运行、物理空间模型,融合人-车-路-环境多要素动态交互作用机理,基于数字孪生世界构建应急突发事件的情景,实现了动态交互应急演练、平行系统推演验证、人机协同处置优化、应急管理一体化的目标。

2.4.5 "应急一张图"理念

港珠澳大桥"应急一张图"的理念旨在搭建一个支持全局多类型业务数据管理、矢量数据上图展示、各类数据统计分析的综合化可视化平台,打破用于应急管理的各系统可视化孤岛困境。基于大数据、移动互联、地理信息等前沿技术,依托行业数据资源交换共享和开放应用工作,港珠澳大桥代表性地构建了公路交通时空大数据管理及行业治理与分析辅助决策平台,将公路交通行业的应急管理典型应用聚合在一个平台上,整体减少营运管理成本、提高营运效率。

"应急一张图"的理念贯穿整个突发事件的全流程,依托车道级的高精电子地图、地理信息系统(Geographic Information System,GIS)地图、三维数字孪生地图等多种工具方式,实现应急资源的一张图动态呈现、预测告警的一张图动态呈现、响应处置的一张图动态展现、指挥调度的一张图动态展现等全方位"一张图"的可视化效果。

同时,港珠澳大桥作为公路交通行业代表性的"应急一张图"与应急管理行业一张图理念有所不同的是,其侧重于以路域为主、路域之外为辅的思路进行一张图的建设,对路域内环境需要更加精细化地进行呈现与管控,大到几百平方公里的路网区域,小到隧道内的可变信息标志等机电设施,都需要以先进的可视化手段在一张图中进行呈现。基于此原因,港珠澳大桥的"一张图"除了需要包含人员、车辆、物资、环境等要素,还需要包含大量的路侧基础设施以及路域之外的关键设施,如沿线的消防站点、医院、气象监测站等。如果以动态、静态来对一张图所呈现的内容来进行分类的话,港珠澳大桥的"一张图"如前文所述,除了需要包含繁杂的静态要素外,还需要对道路车辆运行速度、流量、车间距等运行状态进行可视化的呈现,不论是基于三维的数字孪生还是二维的全息映射,港珠澳大桥的"应急一张图"理念都具有更高的视野与先进性。

2.4.6 "数据-知识-模型"多驱动的应急决策理念

1)数据驱动决策理念

数据驱动决策理念是指决策过程中将数据作为主要的驱动力量,强调通过收集、分析和利用大量的数据来支持决策的制定。数据驱动决策示意图如图2.4-5所示。数据驱动的决策通常基于对现有数据进行大数据挖掘计算,以提取出有价值的信息并基于这些信息进行决策。现有的数据驱动人工智能往往利用海量数据以自监督或自学习方法对众多参数进行拟合,大多数参数拟合机制以黑盒子方式进行,无法合理利用逻辑、规则、约束等知识,由于学习过程以数据驱动进行,如果无法获得广泛数据变化,学习结果的鲁棒性和泛化性就会大受影响,难以应对更为广泛的任务场景。

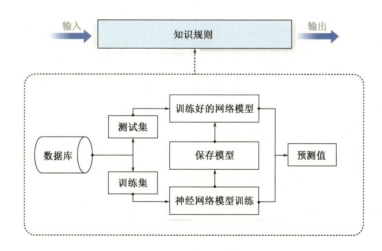

图 2.4-5　数据驱动决策示意图

2)知识驱动决策理念

知识驱动决策理念是指决策过程中依靠业内专家的专业知识、行业内累积的经验来进行决策,这种理念主要通过已经成形的经验与规则进行应急决策。知识驱动决策示意图如图2.4-6所示。知识驱动的决策通常依赖于专家经验库、规则引擎等技术手段,通过人为经验的积累在大部分场景下可以有效进行应对突发事件的决策。

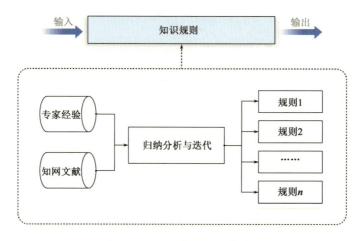

图 2.4-6　知识驱动决策示意图

3)模型驱动决策理念

模型驱动(Model-driven)决策理念是指决策过程中利用建立的数学模型或计算机模拟模型来推导出决策结果,这种理念通过对问题进行抽象和建模,获取各参数之间的映射关系,并基于模型的输出结果作出决策。模型驱动决策示意图如图 2.4-7 所示。模型驱动的决策通常涉及建立数学模型、模拟实验、优化算法等方法,在预测和评估各种决策后果的情况下选择最优决策。模型驱动决策通常依赖已知或者确定的物理模型,由于突发事件存在明显的非线性、高耦合特性,通常较难构建突发事件决策模型。

图 2.4-7　模型驱动决策示意图

4)数据-知识-模型驱动决策理念

这三种较为先进的应急决策理念实际上并不相互排斥,但港珠澳大桥在公路交通的应急领域代表性地提出了数据-知识-模型多驱动的应急决策理念,在面向应急突发事件需要实际决策过程中,根据情况的不同,比如现场数据的可获取性、问题特征来选择合适的决策模型。例如,对于数据充足且可靠的应急突发事件,可以采用数据驱动结合知识驱动的方法进行决策;对于需要明确数学机理的情况及优化问题,可以采用模型驱动的方法,即通过建立明确的数学模型表征参数之间的关系,加以数据与知识决策驱动模型的纠偏来进行决策;对于样本量少、数据难以结构化以及仍未解析要素之间相互作用机理的应急突发事件决策问题可以构建应急处置知识库,将应急决策问题进行多次迭代优化,形成专家经验及规则库,使用知识驱动的方法来进行应急决策。

2.5　本章小结

本章先从应急管理体系发展历程、应急管理法律体系发展历程开始介绍,引出应急技术,并从应急预案、新兴技术、应急救援装备三个方面展示应急技术的发展演变。应急技术的发展现状研究方面,以四个领域为代表,阐述了不同领域下的应急技术应用。自然灾害领域注重突发事件预测预警研究,水利工程重在对水位的监测预警,水上交通关注于通信技术的研究,从而引出高速公路的应急技术发展,以代表性成果以及港珠澳大桥应急处置前系统为例,指出了港珠澳大桥原系统存在的问题。最后结合对应急技术发展现状的研究,提出了应急行业存在的普遍问题。在公路交通领域的应急技术领域,详细描述了5G移动通信技术、物联网技术、北斗卫星导航技术、数字孪生技术和人工智能技术的应用。

综合以上行业研究,提出了港珠澳大桥的应急理念创新,在平战一体的思想下,对"天空地海"四位一体感知检测、应急全要素、应急管理常态化、应急处置演练一体化、"应急一张图""数据-知识-模型"多驱动的应急决策共六个理念进行了解释。

本章参考文献

[1] 夏松林.我国行政应急管理法律体系的建设及其完善研究[D].兰州:西北民族大学,2011.

［2］周孜予,杨鑫."1+4"全过程:我国应急管理法律体系的构建[J].行政论坛,2021,28(03):102-106.

［3］李迎顺,任晶,王晶晶.应急预案数字化发展方向及路径探讨[J].中国应急管理,2022(09):20-31.

［4］蒋海霞.我国应急救援装备现状与发展趋势[J].中国电力企业管理,2020(21):18-19.

［5］高晓枫,王定森,侯宁,等.基于全过程控制的交通运输应急管理体系探讨[J].综合运输,2023,45(05):22-26,81.

［6］唐尧,王立娟,张鑫,等.基于"三界"大数据的自然灾害应急处置服务系统建设与应用[J].国土资源信息化,2020(02):26-30.

［7］文越.国外灾害监测预警预报经验及启示[J].中国减灾,2018(15):22-25.

［8］张宏祯,张鹏举,徐宝山.智能化大坝安全监测系统开发与研究[J].中国水利,2021(10):47-48.

［9］蔡跃波,向衍,盛金保,等.重大水利工程大坝深水检测及突发事件监测预警与应急处置研究及应用[J].岩土工程学报,2023,45(03):441-458.

［10］钟南.无人机水上交通安全应急处置关键技术研究[D].西安:长安大学,2016.

［11］蒋冰,郑艺,华彦宁,等.海上应急通信技术研究进展[J].科技导报,2018,36(06):28-39.

［12］梁杏.基于GIS的高速公路可视化应急处置平台[J].西部交通科技,2019(06):152-154.

CHAPTER 3 | 第 3 章

港珠澳大桥智能化应急处置策略

伴随信息技术的发展,在应急管理领域,从业者有必要充分利用前沿科技优化应急机制,增强应急能力,降低应急成本,提升风险应对能力。而借助融合创新思维与智能技术手段,是实现智能化应急的必由之路。在港珠澳大桥智能化运维项目建设过程中,结合行业发展现状、港珠澳大桥应急需求与先进的信息科学技术,提出了港珠澳大桥智能化应急处置策略。

3.1 港珠澳大桥智能化应急数字底座

目前,随着科技的不断发展和进步,新的信息技术持续涌现,为实现智能化应急提供了关键的技术支持。其中,全覆盖多传感器数据感知与无人机监测体系、数据并发处理技术、基于5G的基础设施物联技术、北斗精准定位技术、雷视一体化、3D建模等技术组合构成了港珠澳大桥智能化应急的数字底座,在应急处置过程的感知端、控制端与决策端均发挥了极为重要的作用。

1)全覆盖多传感器数据感知与无人装备监测体系

全覆盖指对港珠澳大桥的主体工程即:海中桥隧工程、港珠澳三地口岸、港珠澳三地连接线实现无缝覆盖,完整感知,不遗漏任何一个工程单位。多传感器数据感知指将不同传感器收集、提供的信息集合在一起。无人装备监测体系由港珠澳大桥的无人监测装备完成,包含空中巡检无人机、巡检机器人、水下无人船等。如图3.1-1所示。

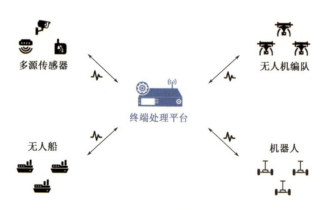

图3.1-1 全覆盖多传感器数据感知与无人装备监测体系

基于上述完备的感知监控体系,融合文本、图像、视频等多模态监测数据,利用人工智能相关算法模型,港珠澳大桥可以实现对交通运行状态、气象环境、隧道环境、车辆牌照等营运环境的识别、跟踪和监控。

2) 数据并发处理技术

不论从港珠澳大桥的数字化建设目标考虑,抑或是出于智能化应急需求,应急系统必然涉及海量的不同来源、不同模态的数据,并具有高并发访问、实时性要求高和处于分布式环境等特点。因此,数据并发处理技术在建立应急系统中非常重要。实际应用中应取决于具体需求和场景,单独或组合使用分布式计算、并行计算、缓存技术、负载均衡、异步处理等技术手段。

3) 基于5G的基础设施物联技术

物联网技术被认为是信息科技产业的第三次革命,一般认为是将各种末端设备和设施通过无线或有线的通信网络实现互通互联以提供实时在线监测、定位追溯、报警联动、调度指挥、预案管理、远程控制、安全防范、远程维保、决策支持等管理和服务功能。而第五代移动通信技术(5G),相较于前几代移动通信技术,具有更高的传输速度、更低的延迟和更大的网络容量,能在当前基础设施物联架构中提供更高效的连接与传输功能。基于5G的"万物互联"如图3.1-2所示。通过该技术可以实现大桥基础设施设备"管、控、营"一体化,是构建港珠澳大桥智能化应急系统的基础。

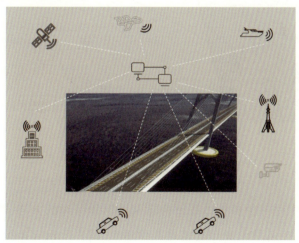

图3.1-2 "万物互联"

4)北斗精准定位技术

截至目前,北斗卫星导航系统已有 56 颗在轨卫星提供全球范围内、全天候、全天时的高精度、高可靠定位、导航和授时服务,其被广泛应用于我国的交通运输、农林渔业、水文监测、气象测报等领域。

基于北斗卫星导航系统可以实现对港珠澳大桥海陆空三层交通运输环境的监测及对相关运输载具的实时定位与跟踪,可为应急处置过程中所涉及的资源调度、交通管控、车辆疏散等提供精准的导航服务。

5)雷视一体化技术

雷达是一种利用电磁波进行目标探测的电子设备,而雷视一体化技术是指雷达技术与视频监控技术相融合,形成一种综合性的技术体系,如图 3.1-3 所示。要实现港珠澳大桥的全生命周期监测,仅仅依赖全覆盖多传感器数据感知与无人设备监测体系是不够充分的,因为在恶劣气象条件下,监控摄像头可能遇到图像质量下降、夜视能力减弱等问题,同时无人设备也可能受到信号干扰、起飞环境恶劣等问题的制约。而雷视一体化技术的引入则有效地填补了这一监测空白,与全覆盖多传感器数据感知与无人设备监测体系两者结合,从而更好地赋能大桥数字化、智能化建设。

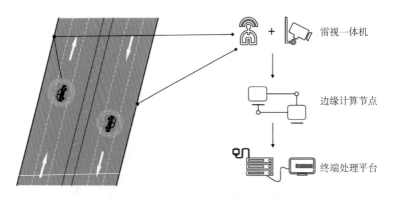

图 3.1-3　雷视一体化

6)3D 建模技术

3D 建模技术是一种基于计算机科学和图形学原理的方法,用于创建三维物体的虚拟表示。这种技术利用数学和几何概念,将真实世界中的物体、场景或概念转化为数字化的三维模型。通过使用各种软件工具和算法,可以在计算机环境中构建出高度精确和逼真的三维模型。

通过建立三维模型,管理单位可以通过创建灾害事件的虚拟场景进行风险识别与预测;模拟不同类型的灾害演化情况并制定不同决策预案以提升应对突发事件的灵活性和适应性。同时,在现实中难以实现的灾害处置演练可以在仿真环境中完成,可极大地提升应急人员的处置能力并使其积累应急经验。

3.2 港珠澳大桥应急常态化智能管理

"全灾种"应对是指在应急管理中,对各种类型的自然灾害、事故灾难以及公共卫生事件等不同的突发事件进行综合性、全面性的应急准备,确保应急管理单位在各种灾害发生时,可有效地组织、协调和执行相应的紧急响应和处置行动。常态化智能管理是"全灾种"应对的前提与基础,下面从五个角度详细阐述常态化智能管理的核心内容。

3.2.1 应急物资巡检管理

根据《国家突发公共事件总体应急预案》要求,在应急保障工作中,应建立健全应急物资监测网络,要确保应急所需物资和生活用品的及时供应,加强对物资储备的监督管理并及时予以补充和更新。然而,目前国内外大部分应急处置思路中并未重视对应急物资的管理或是只处于较为基础的"纸上谈兵"阶段,存在着信息不透明、调配困难等问题。为响应相关政策要求并实现应急保障需求的现代化管理目标,港珠澳大桥应急处置技术思路中考虑对突发事件应对过程中所需应急人员、应急车辆、应急物资三大应急资源的信息进行录入、存储、管理,实现应急资源的动态管理和数字化呈现,为应急指挥调度提供基础信息保障,提高应急处置效率和应急管理能力。

根据港珠澳大桥的应急需求和实际情况,应急物资巡检管理工作具体为:组织相关人员对港珠澳大桥管理局所辖范围内的应急资源进行日常性的巡查,并把资源的状态更新到系统的应急资源库中。日常应急巡查应包括:消防设施、交通通道保障设施(疏散通道卷帘门、车辆调头豁口、紧急交通信号灯)、紧急电话、应急广播等在应急时使用的设备。当日常应急巡查人员发现设备失效、故障时,会及时上报并修复至正常功能。

3.2.2 人员在岗监控

应急人力资源包括应急管理人员、相关应急专家组、应急救援队等。不论是采用传统应急方法还是数字化的、智能化的应急手段,应急人力资源在应急管理中始终发挥着极其重要的作用,是决定应急处置效果优劣的核心。因此,对应急单位相关人员进行在岗监控,全面、实时地监测在岗人员信息是应急保障工作中不可或缺的一环。

基于所构建的数字底座和相关技术支持,港珠澳大桥智能化应急处置思路包含了对人员、车辆、无人机、无人船的定位以及实时更新,并对港珠澳大桥管理局相关工作人员的在岗情况进行全面监控,确保对应急人力资源的保障工作及时且可靠。

3.2.3 人员应急培训考核

人员应急培训是为了提高相关工作人员在紧急情况下的应对能力和安全意识而进行的培训活动,是应急常态化管理中不可或缺的一环。考核则对相关工作人员在紧急情况下的应对能力和应急管理机制运转情况进行评估。这种培训和考核旨在确保突发事件发生时,组织内的人员能够迅速、有效地采取行动,保障救援人员和受灾群众的安全,最大限度地减少财产损失并维持机构的正常运转。

为此,在港珠澳大桥应急处置思路中,考虑通过构建应急系统使得相关工作人员可以得到对应急知识、应急预案的培训与学习,同时应急系统亦提供随机抽取的应急知识题库对学习人员进行考试测评以巩固应急处置知识,实现对应急人才的培养。

3.2.4 平行系统应急演练

应急演练是指组织或机构成员在仿真的紧急情况下进行实际操作,是为测试应急培训效果并提升应急能力而定期进行的模拟活动,更是践行平战一体应急理念的重要途径。通过应急演练,不仅可以锻炼相关工作人员在不同突发事件(如火灾、地震、交通事故等)下的应对能力,同时也有助于凸显应急管理机制的改进方向,真正推动了平战深度耦合,是实现平时演练与实际处置一体化的主要手段。

基于平行系统与数字孪生技术,拟建设的港珠澳大桥应急处置系统应部署两套,一套对接实际的设备设施系统,另一套对接演练专用的设备设施系统。据我们所知,这样的部署方式与应急平行演练系统在国内外属于首次提出。其中,演练系统的设备设施应与实际的设备设施系统是静态孪生的,设备控制协议、数据格式、数据字典等均保持一致的;系统应针对港珠澳大桥可能发生的14类典型突发事件,进行日常性的事件预设和处置过程推演,通过推演理解典型突发事件处置的组织形式并优化处置方案(应急预案),同时将推演形成的知识同步到应急系统的知识库;最后,在应急处置系统的知识库的基础上,通过建立应急处置基本评价规则,建立无监督学习模型进行自动平行推演,丰富应急知识并提高应急处置决策效率。

3.2.5 预案管理

应急预案是为应对可能发生的突发事件,保证可以采取迅速、有效、有序的应急处置措施而事先制定的行动方案。应急预案应在事前、事发、事中、事后的整个过程中明确相关应急人员组成、应急人员分工、处置流程以及应急物资调配等信息。

随着社会、科技和环境的发展变化,应急预案的管理亟需更加灵活、便捷且协同。在智能化应急的迫切需求与目标背景下,相关管理单位需要追寻数字化和智能化的应急预案生成模式以应对迅速变化的应急环境。以下为智能化应急预案管理模式应具有的特点:

(1)数字化。不同于纸质预案,港珠澳大桥应急预案应以数字化的格式存储于应急系统中,便于工作人员访问与共享。

(2)智能化。通过平行系统内应急演练与复盘评估环节,应急系统应具有对应急预案进行不断迭代并筛选出不同场景下的最优应急处置措施,在实际运用中动态生成当前最优应急预案的能力。

(3)动态化。在初次生成应急预案后,系统仍能根据实时应急情况如自然与交通环境变化、物资消耗程度、人员调配到岗数量等跟踪现场应急处置效果并动态调整应急预案以适应不断变化的突发事件。

(4)精细化。基于港珠澳大桥智能化应急数字底座,应急预案应实现一键下发应急人员作业指令,应急资源点对点匹配指令,以避免应急处置过程中工作人员重复作业、应急物资调度混乱等情况的发生。

3.3 港珠澳大桥突发事件应急响应一体化

3.3.1 突发事件信息来源

智能化应急"全链条"解析的首要步骤便是数据感知、采集与共享。基于此,收集港珠澳大桥相关数据并利用智能算法进行处理和决策,可以实现快速准确的灾害监测与预警,为应急处置提供及时的决策支持。以信息驱动的突发事件数据采集主要涉及以下方面:

(1)传感器与监测系统:通过安装传感器和监测设备,可以实时监测大桥结构参数、大桥环境参数、交通流量等关键指标的变化。传感器可以采集各种数据,如振动、温度、湿度、压力等。监测系统能够定期检查传感器数据,发现潜在的问题和异常情况。当发生异常情况时,系统可以自动触发预警,并向救援人员和指挥中心发送警报信息,以及提供详细的事故定位和描述。

(2)物联网技术:通过物联网技术,实现传感器和监测设备之间的互联互通。不同传感器节点连接至不同边缘结算节点,最后通过云计算平台进行数据传输、存储和分析。这样,可以实现对大桥数据的远程监控和管理,以及与其他系统进行数据交互。

(3)数据共享与协同:数字化大桥智能化应急数据采集应强调数据的共享与协同。相关部门和机构可以共享大桥数据,形成多方信息共享和融合。这样可以提高应急响应的协同效应,实现资源的共同利用和信息的互通。

3.3.2 突发事件应急响应

突发事件应急响应是应急处置过程中的一项关键任务,需要迅速协调应急力量并采取有效行动以最大限度地减少潜在风险和损失。在港珠澳大桥智能化应急处置技术思路中,我们强调一体化响应,即把突发事件应急响应过程分为智能预警与决策支持两部分,利用应急系统和智能算法,结合大桥的监测数据和实时情报,实现准确预警、快速响应和智能决策"一键式"触发:

1) 智能预警

通过采集港珠澳大桥相关数据以及实时监测设备获取的信息,结合数据分析算法和计算模型,识别风险隐患和异常状态,即通过突发事件信息来源对潜在风险进行研判。例如,通过震动传感器、温度传感器等监测设备采集到的数据,可以检测到大桥结构的变形、震动等异常情况;利用智能算法和模型,对这些数据进行分析和处理,可以实现智能化的预警,提前发现可能存在的问题并及时预警。

2) 决策支持

在突发事件应急响应环节提供决策支持是响应"一体化"不可或缺的一部分。基于预警信息和实时数据,通过在应急系统内设置决策支持模块,对突发事件进行分类、分级、评估、判断的任务是关键(按照危害程度分类:根据事件造成的危害程度和损失情况进行分类。一般可以分为轻微、一般、重大和特别重大等级。轻微等级表示危害较小,对人员、财产和环境的影响较小;特别重大等级表示危害极大,可能对人员生命安全和社会稳定造成重大威胁)。在应急系统完成突发事件的定类和定级后,结合智能算法和决策模型,为决策者提供有效的决策支持是应急响应的最终目的。

综上所述,港珠澳大桥突发事件应急响应一体化是"全灾种"应对的重要基础,参见图 3.3-1,响应流程为:当发生预警时,系统自动触发相应的决策支持工具,根据在历史数据中学习到的事件演化规律和处置经验,分析当前现场情况并提供多种可能的应急响应方案。决策者根据系统提供的建议和评估结果做出适用于当下突发事件的决策,包括人员配置要求、疏散路线规划、交通管制措施等。

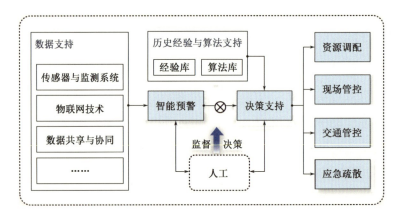

图 3.3-1　应急响应一体化

3.4　人机协同的应急处置智能化

人机协同（Human-Machine Collaboration）是指人类与计算机、机器人或其他自动化系统之间紧密合作的一种工作模式。在这种模式中，人类占据绝对主导权，系统或机器等自动化系统的核心工作原则为保护人类安全。这种工作模式能够将人类从烦琐、重复性任务中解放出来，从而使人类能够更专注于需要人类智慧和情感的任务，利用人机各自的优势，实现更高效、更精确的工作流程和决策。

要实现人机协同的关键在于通过智能化的技术手段赋予机器或系统能够理解、处理和分析大量的数据的能力，以协助人类决策和任务执行。具体而言，在应急处置过程中，需要将人类社会发布的各类处置标准与规范进行数字化处理，并通过设置系统规则等方式使得系统"理解"并在该规范要求下进行智能决策与处置。

智能化是指借助先进的技术手段，如人工智能、机器学习、大数据分析和物联网技术等，使系统或设施设备逐步具备类似于人类的感知能力、记忆和思维能力、学习能力、自适应能力和自主决策能力，在面对随机性的外部环境时能做出高效、智能的决策并付诸行动。智能化的目标是提高系统的自动化程度、响应速度和决策准确性，从而提升工作效率和用户体验。对比智能化应急处置与传统应急处置,两者在处置目标、处置任务上并无太大区别,均以应急管理的需求和目标作为基本原则,但随着智能化水平的提升,智能化应急处置将在实现处置目标,完成处置任务这一过程中表现出与传统模式的差异,具体如下:

(1)人的参与程度。在传统的应急处置过程中,人的判断与决策是推动整个处置流程发展的唯一动力来源,这就导致应急处置结果的好坏完全依赖于决策者和执行者自身的能力和经验。然而,受情绪、认知限制和外部因素的影响,人的表现难以一直保持稳定。例如发生在1986年震惊世界的切尔诺贝利核电站爆炸事故,就是由于人为的决策与操作发生严重失误,导致核反应堆发热失控,最终爆炸。在这种情况下,一个智能化的系统将发挥出更大的优势,即系统能够以更快的速度、更高的准确性和较少的情感干扰来进行决策并执行任务。当然,在面临复杂和多变的突发事件时,人类的判断力、创造力和适应力仍然具有重要价值,因此智能化的应急处置系统应留有"人在回路"的余地,即决策者主要作为监督人员,具备随时更改指令、终止指令、重新发送指令的权限。

(2)迭代与进化。突发事件不可能通过一次决策而一劳永逸地解决,正确的处置过程应考虑对事件进行降级处理,逐步减少事件带来的损失直至最低,即从运筹学视角出发,可以将之看作一种寻优过程,而这是传统的应急处置系统无法实现的。区别于传统的、自动化的应急系统中任务被机械式、预定式执行,智能化概念更强调系统的自适应能力、学习能力和自主决策能力。因此,智能化的应急处置系统应具备从历史经验、实时情况反馈中学习的能力,并通过学习不断迭代进化,更新应急预案、优化应急决策指令。

根据前述概念与应用分析,本文将人机协同的智能化技术(HMC_IT)应用于应急处置的发展划分为四个阶段,如下所诉。

(1)传统应急。在传统应急阶段,主要依靠自然人进行管理与决策,不可避免会出现遗漏与冲突。例如在指令的发布过程中,由于应急处置过程较长且复杂,决策者可能遗漏部分关键指令;抑或是在资源调配时,因缺少数字化、智能化的应急资源管理系统而导致调配命令与实际仓储库存不符的情况。

(2)智能辅助应急。智能辅助应急主要指数字化技术开始应用于应急管理工作。通过数字化手段,可以建立精细的应急资源管理系统、自动化的设备控制系统、全时待命的应急通信系统等。在应急处置过程中,使用这些数字化的、自动化的系统可以在指令下发、现场管控、资源调配等阶段辅助决策者和作业人员,提升应急工作的精准性和效率。

(3) 智能增强应急。近年来,在应急系统中嵌入各种智能算法以帮助应急人员进行决策指挥成为主流。智能算法一般包括:事故检测与识别算法、事故风险分析算法、事故事件处置时长算法、路径规划算法、资源调度算法等。使用智能算法为人工决策过程提供识别、分析和预测的结果,可以从事前、事中、事后三个阶段增强和完善相关单位和工作人员的应急能力和决策指挥。

(4) 智能自适应应急。智能自适应应急即为应急系统具有根据环境、需求或条件变化而自动调整决策方案以适应新的应急形势的能力。不同于智能增强应急,在智能自适应应急阶段中,系统除了提供基本的分析结果与决策建议外,还具备自主学习,不断优化决策指令的能力。例如在应急资源调配任务中,智能增强系统可以根据资源需求、资源的时空位置与储备数量进行匹配调度,智能自适应系统同时还会实时跟踪并监测调度过程以便及时将信息反馈给工作人员,同时考虑减少交通负面影响而进行实时路线规划以防止与救援或疏散路线冲突。总的来说,在智能自适应应急阶段,系统将具备"拟人"的思维模式和"超人"的并行计算与智慧决策能力。

依据表3.4-1,不同阶段的应急处置决策流程如图3.4-1所示。

决策者与人机协同的智能化技术在应急处置中的四个逐进阶段　　表3.4-1

应急处置	决策者与HMC_IT的参与程度		
	决策者	HMC_IT	关系
传统应急	全过程决策	少见	无关
智能辅助应急	全过程决策	准备工作与简单支持	辅助
智能增强应急	全过程参与	识别、分析、预测等	帮助
智能自适应应急	全过程监督	基于人定目标决策	支持

显而易见,人机协同的应急处置智能化属于智能自适应应急阶段。相较于传统应急模式,基于人机协同的应急处置智能化应急具备先进的应急理念,能够实现应急的常态化管理与实际应急处置深度耦合,显著增强应急工作人员和管理单位的应急能力。同时,该方法结合多种先进的信息技术手段,极大地提升了应急响应的效率与准确性,并可以对应急处置过程中的资源调配、现场管控、交通管控、应急疏散四个主要环节作出更加智慧的决策,提升了应急处置的科学性

和全面性;最后,在事后恢复与事件复盘阶段,通过数字化手段和人工智能技术能够实现完整的优化闭环。与此同时,从社会经济效益角度出发,人机协同的应急处置智能化在资源优化、应急演练与培训、风险预防、持续性保障和提升社会信任度等方面都具备巨大的潜力与价值。

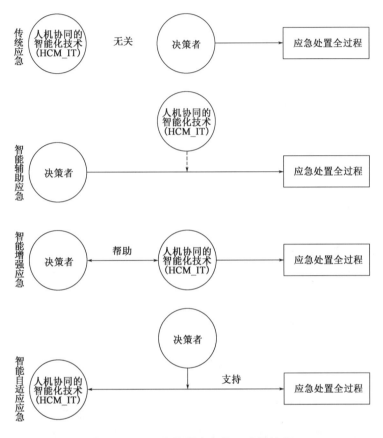

图 3.4-1 四个阶段应急处置决策流程

3.4.1 资源调配

港珠澳大桥智能化应急资源调配是对大桥应急资源进行有效的配置与调度以提高应急处置的效率和准确性。通过人机协同的智能化技术管理应急资源,可以对应急资源进行更加高效的配置与调度,从而在紧急情况下提供及时的资源支持和响应。通过智能化应急处置系统进行资源调配将有助于最大限度地减少灾害损失,提高事中处置能力。该过程涉及以下关键要素:

(1)数字化资源管理系统。建立数字化的资源管理系统,对大桥应急资源进行全面、实时的管理和监控。该系统可以包括对资源的登记、分类、标识和信息实时更新等功能,以确保资源信息的准确性和及时性。

(2)智能化资源调配算法。基于资源管理系统的数据和实时情报,采用智能算法和模型,对应急资源进行合理的调配。这包括根据灾情的严重程度以及资源的类型、距离和可用性等因素,自动计算出最佳的资源调配方案。

(3)实时监控与通信系统。通过数字化技术,实现对大桥应急资源的实时监控和追踪。这可以包括利用传感器、监测设备等获取资源的位置、状态和可用性信息,并将这些信息通过通信系统实时传输给指挥中心和相关人员。

(4)指挥中心与协同平台。建立指挥中心和协同平台,实现资源调配和指挥协调的集中管理。指挥中心可以根据实时情报和智能算法生成的调配方案,对应急资源进行指挥、协调和监控。

3.4.2 现场管控

突发事件现场的管控职责主要涵盖了应急处置工作、人员疏散工作以及确保救援环境安全工作。一般来讲,一次有效的现场管控工作应在保证人员安全的基础上,维护事故现场交通秩序,保护事故现场证据,现场管控如图 3.4-2 所示。

图 3.4-2 现场管控图

智能化现场管控需要运用先进的技术手段(如智能锥桶机器人,如图3.4-3所示)和数据分析能力,实现多部门、多地区之间的协同合作以提升整体的现场管控能力。这一举措对于保障公众的生命安全、减少财产损失具有重要意义。现场管控业务主要包含以下工作:

(1)查看监控系统采集的信息及补充事件现场信息。

(2)查看、执行现场处置任务。任务包括作业地点和作业目标,不指定由谁来执行该项任务。

(3)查看、执行现场疏散方案。方案包括事件现场机电设备控制指令及疏散路线。

(4)监控、确认现场处置方案和疏散方案实施效果。根据需要优化现场处置方案和疏散方案。

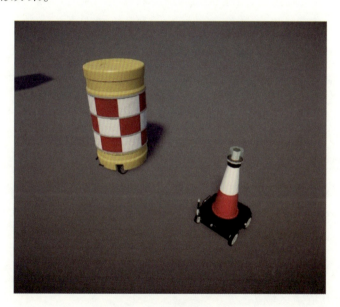

图3.4-3　智能锥桶机器人

现场管控的首要目标在于确保受灾群众、救援人员以及其他社会车辆和人员的安全。然而,在实际的现场管控工作中,这三个主要利益相关方之间存在不同的利益诉求。如何在管控工作中协调和平衡各利益相关方,对于不同管控措施的有效实施具有重要影响。以基于人机协同的应急处置智能化为基础,可以通过构建多目标优化模型,在保证安全的前提下尽可能平衡各方诉求,提出最为适宜的管控方案和手段。

3.4.3　交通管控

在应急处置过程中,应对沿线交通进行管控,确保各类应急资源、救援力量和需要疏散的人员车辆不受异常交通影响,可以快速、顺利地抵达或离开处置现场。交通管控主要包括以下工作:

(1)与现场管控模块进行事故现场交通管控衔接,确保管控现场的交通安全。

(2)保障应急资源赶赴现场的交通条件,确保救援通道畅通。

(3)确保辖区内事故影响区域中社会车辆的交通秩序。

在人机协同的智能化技术下,交通管控需要利用先进的信息技术和人工智能技术来实现对交通流量、道路状况以及交通设施的实时监测、分析和调控。主要包括以下方面:

(1)实时数据采集与监测:使用传感器、摄像头、无人机等技术,实时采集道路交通流量、速度、拥堵情况等数据。

(2)应急事件响应:基于实时数据,快速响应交通事故等突发事件,采取适当的措施进行交通疏导和管理。

(3)数据分析和预测:基于采集的数据和现场事故信息,通过数据分析和预测模型,预测交通拥堵、事故演化等情况,并提供相应的应对措施。

(4)智能信号控制:利用智能信号灯控制系统、可变信息标志、紧急广播等工具自动调整信号灯时序并进行信息推送,实施交通管控措施。

(5)动态导航与路径规划:提供实时导航服务,根据应急情况为驾驶员提供最佳路径,避开危险区域。

(6)管控措施仿真模拟与效果预测:在做出最终决策之前,应在系统内部首先模拟,随后预测并评估实施效果。

(7)交通恢复闭环:在完成突发事件的交通管控后,应分析研判交通恢复时机与措施,以便尽可能快速地实现交通恢复,减少社会车辆通行影响。

3.4.4　应急疏散

应急处置过程中的应急疏散一般指交通疏散,主体为驾驶员与车辆。突发事件发生后,处在道路上的驾驶员会出现恐慌、急躁等情绪,如果缺乏必要的引导与提示措施,将导致驾驶员难以根据所处情景做出合理、科学的疏散决策,进而影响应急救援效率,甚至产生二次伤亡。相关管理单位有必要,也必须针对不同突发事件情景制定自适应的应急疏散策略,尽可能避免突发事件造成的二次影响。

应急疏散交通组织的目的是在紧急情况下使事发通道的车辆能够及时安全地撤离危险区域。为了达到该目的,要充分利用现有的道路网络,使紧急情况下道路的运行效率实现最大化。另外,在实现效率最大化的同时,要确保疏散交通流的安全性。然而,在传统疏散工作中,受限于信息技术手段,往往存在一些问题难以解决,如:应被疏散人员与车辆设备的界定,疏散距离的界定,疏散的有效性判断。由此可以看出,应急疏散交通组织优化是一项繁杂又系统的工程,针对上述问题与疏散目标,人机协同的智能化应急技术提供如下解决思路:

(1)基于数据分析、预测与历史经验回顾,进行疏散边界判断。基于鉴定疏散人员与车辆、判断安全疏散距离等智能分析结果,为后续制定合理的疏散方案提供科学的理论支撑。

(2)制定高效的应急疏散规划方案。紧急情况下的疏散交通组织应以高效的应急疏散交通规划方案为基础,全面考虑突发情况下各种可能的影响因素,制定出高效、安全的组织方案,为紧急情况下道路信号控制和信息诱导提供科学依据。

(3)制定有效的应急疏散交通流信号控制措施。以制定出的高效、安全的交通规划方案为依据,结合应急疏散情况下道路的交通流实时信息,制定出交通信号优化方案。

(4)提供有效的应急疏散交通诱导信息。在以上任务的基础之上,制定出交通信息诱导方案,进而对应急情况下交通流进行引导。

3.5 港珠澳大桥突发事件灾后恢复数字化

数字化是将物理事物、信息、过程等转化为数字形式的过程。数字化的本质是将现实世界中的事物、信息等,通过数字技术的手段,转化为计算机可以处理的数字形式,从而实现对信息的存储、传输和处理。数字化的目的是更好地管理和利用信息,提高信息的效率和价值。当突发事件的处置流程进入事后恢复阶段时,通过数字化手段对应急处置全周期进行记录、评估与复盘分析将有助于深入了解处置过程中的成功与失误,从而更好地改进未来的工作和决策。

3.5.1 管控恢复

根据港珠澳大桥营运需求,管控恢复对象主要指基础设施恢复和交通恢复。

(1)基础设施恢复。在自然灾害、事故或紧急情况发生后,修复、重建和恢复受灾区域内受损的基础设施,以确保港珠澳大桥的正常营运,一般包括:道路路面、桥梁结构、电力、供水、卫生、通信等。应急处置系统将根据现场反馈情况和巡查路、桥、岛、隧等基础设施的服役状态反馈数据,在人工确认后判定其是否符合恢复条件,若存在不符合条件的基础设施则下发修复或重建指令。

(2)交通恢复。港珠澳大桥是粤港澳大湾区的重要交通枢纽,主要用于道路交通运输。基础设施的恢复为交通恢复提供基础条件,在基础设施达到恢复条件后,系统会根据各单位反馈的现场情况和大桥监测数据判断大桥是否符合继续通行条件,若满足,执行处置方案中的交通恢复指令。

在管控恢复业务中,智能化系统的主要工作在于结合不同灾害事故历史处置经验、事故事件演化规律、事故仿真推演模型等分析结果,进行恢复边界的判断,告知决策者应在何时开始恢复,恢复哪些设施设备以及哪些相关道路的交通。

3.5.2 事件记录

应急处置流程涵盖了从事发前的预防与准备、事发时的响应与处置决策、事发后的恢复等多个阶段。港珠澳大桥应急处置系统将对处置流程进行全周期记录,主要包括人、车、路、环境在不同阶段的实际情况,具体如下:

(1)在预防阶段记录责任对象面临的潜在灾害或风险;记录事件所处位置与环境状况;记录所制定和更新的灾害预防和风险管理计划,尤其是应急预案;记录开展应急培训、演练等活动的详情。

(2)在准备阶段记录所制定应急计划,包括资源调配、多部门沟通、协调和应急响应措施；记录建立紧急联系人、应急专家、应急工作人员列表和通信渠道；记录所备应急力量(如应急医疗用品、食物、水、发电设备等)和潜在应急力量；记录和制定疏散和撤离计划,包括安全地点、逃生路线等。

(3)在响应阶段记录所面临的突发事件及所启动的应急预案,调动的物资和人员；记录与各相关部门、组织和机构的协调内容与结果。

(4)在处置阶段记录救援和救助活动,包括医疗援助、人员疏散、物资分发等；记录与受灾群众和公众媒体的沟通,以及向其所提供的信息和指导。

(5)在恢复阶段记录恢复计划,包括基础设施修复、交通恢复。

(6)在评估、复盘与优化阶段记录灾后损害、损失评估结果；记录应急处置作业中的教训和经验；记录本次应急处置过程的有效性和处置效率,以便今后进行调整和优化。

3.5.3 评估、复盘与优化

通过应急"全链条"解析,可以实现"全灾种"应对,提高应急管理的效率和准确性,降低灾害的损失和风险。而应急处置的事后评估、复盘与优化则是"全链条"解析完成闭环的关键一步。

灾害损失评估是在灾害学理论指导下对灾害造成的自然生态和社会经济不利变异的一种价值判断,以评估理论和方法为出发点和支撑点,并结合实际灾情建立评估直接需要的规则、指标和模型系统。灾害损失包括如下内容：

(1)直接经济损失。一般指直接财产物资损失和人员伤亡费用。

(2)间接经济损失。通常按照灾害损失发生后到灾后恢复开始前一段时间所发生的间接经济损失计算,常用的海因里希法由美国学者海因里希于1926年提出。根据该理论,灾害间接经济损失可按直接经济损失的倍数估计,一般为直接经济损失的4倍。

(3)灾害救援损失。在灾害救援行动产生的一切费用,一般包括：救灾投入费用、环境清理费用、救灾设施设备折旧费用、灾后恢复费用等。

(4)社会损失。对于不同受灾地区、灾种、承灾体及其损坏程度,该损失的评价标准是变化的,一般有：人身伤亡率、家庭破坏率、组织机构破坏率、心理伤害程度等。

应急复盘与优化是一种系统性的分析和改进方法，旨在通过对应急事件的回顾和分析，发现问题、总结经验，并提出改进方案和优化措施，以提高应急管理和响应的效果。具体见表 3.5-1。

复盘与优化业务流程　　　　　　　　　　　　表 3.5-1

主要步骤	主要内容
①收集数据和信息	首先搜集与应急事件相关的数据和信息。可以包括事件发生的时间、地点、应急响应措施的执行情况、人员伤亡状况、资源调配情况等。此外，还应收集与应急响应相关的记录、报告、信息流转程序等
②分析应急事件	通过对收集到的数据和信息进行分析，理解应急事件的全貌。可以采用各种分析方法和工具，例如统计分析、趋势分析、模式识别等，以揭示事件中存在的问题和不足之处
③问题识别和分类	根据对应急事件的分析，识别出其中存在的问题并进行分类。常见的问题可能涉及应急预案的缺陷、资源调配不合理、沟通协调不畅等。将问题进行分类有助于更好地理解问题的本质和影响
④总结应急经验	总结应急事件处置过程中的成功经验和有效措施。这包括成功的决策、高效的组织协调、及时的资源调度等。通过总结成功经验，发现可以借鉴和推广的相关做法
⑤原因分析和评估	对于存在的问题进行原因分析和评估。找出问题产生的根本原因，并评估其对应急管理和响应的影响程度。可以采用因果分析方法、故障树分析等工具，深入挖掘问题的产生根源
⑥制定改进方案	基于前述问题分析结果和应急经验总结，制定相应的改进方案和优化措施。针对识别的问题，提出具体的解决方案
⑦实施改进方案	将制定的改进方案付诸实施。这可能涉及更新应急预案、加强人员培训、改进沟通流程、完善设备设施等方面的具体行动，应确保所制定的改进方案能够得到有效实施
⑧监督和评估	建立监督机制，跟踪改进方案的实施情况，并进行评估。通过监督和评估，可以及时发现实施过程中的问题，并采取纠正措施。此外，还可以评估改进方案的有效性和可持续性
⑨持续优化	应急复盘与优化是一个持续迭代的过程。随着时间的推移，不断总结经验、发现问题并优化改进方案。通过不断优化，提高应急管理和响应的能力，以应对不断变化的风险和挑战

3.6 本章小结

本章节结合行业发展现状、港珠澳大桥应急需求与先进的信息科学技术,提出了港珠澳大桥智能化应急处置"五步走"策略,这是港珠澳大桥应急处置系统的思想核心。

为使应急处置迈向智能化阶段,首先使用先进的信息科学技术构建智能化应急数字底座,随后基于"平战结合"的理念和应急管理需求分别提出应急常态化智能管理、应急响应一体化、人机协同的应急处置智能化和事件灾后恢复数字化四个主要策略。其中,首次提出平行系统应急演练理念及所提出的四个应急预案管理特点是实现常态化智能管理的关键;其次,重点介绍了人机协同的应急处置智能化理念,阐明了传统应急手段与智能化应急决策的区别并总结了应急处置智能化的四个发展阶段,为后续相关研究提供建议方向。

CHAPTER 4 | 第 4 章

港珠澳大桥智能化应急的关键技术与实施路径

为实现智能化应急,港珠澳大桥在突发事件应急处置中引入和攻克了多项关键技术,以确保应急的科学性、合理性与有效性,为港珠澳大桥智能化应急系统提供了底层技术支撑。在物理世界方面:构建应急处置知识库,将与突发事件与应急响应有关的知识进行存储,内置自然环境、人员、车辆、应急物资、基础设施等的特征模型与匹配模型;构建应急资源配置优化模型,根据突发事件信息完成应急资源的配置优化;构建事件持续时长预测模型,根据突发事件时空、环境特征,车辆特征等预测事件持续时长;构建交通管控决策与应急车辆路径规划模型,借助信息发布设备,实现对突发事件现场及交通的管控决策,同时结合路径规划技术使应急车辆到达事件现场所花时间最少;构建应急疏散决策模型,根据人员、车辆所在位置并结合信息发布设备,自动生成疏散方案与疏散路线;攻克应急处置方案动态生成技术,完成应急处置预案的数字化与程序化,并可根据事件信息动态生成应急处置预案并下发至应急处置人员,此外,为确保应急预案的有效性,需评估应急预案的执行效果并作为依据优化应急预案,同时,可结合平行推演技术实现数字化应急预案的更新与优化。应急处置演练一体化技术的研究中,物理世界提供应急处置案例库,在虚拟世界完成突发事件的应急演练并优化应急处置预案,为物理系统应急决策提供参考方案,同时形成应急知识与经验供应急人员培训与考核。

4.1 应急处置知识库构建技术

4.1.1 应急处置知识库构建技术概述

在当前大数据背景下,大多数应急活动参与者在应急响应过程中面临着"知识海洋"和"知识匮乏"的双重困境,这使得参与者很难从数据中快速获取并有效利用相关知识。以应急决策过程为例,在面对真实突发事件时,常需召开应急碰头会,依据专家和领导经验做出判断并形成行动方案,这使得决策过程效率低下,同时决策结果的科学性不足。现有的指挥系统由于缺乏相应的知识储备,缺乏足够的学习样本,难以形成自适应学习的最优结果,因此也无法发挥人工智能的快速决策优势。通过构建知识库可以将与突发事件与应急响应有关的知识进行存储,改善应急知识共享与利用的效率,解决由于知识不对称而导致的应急效率差异化问题,降低突发事件造成的损失与负面影响。

知识库与数据库最大的区别在于前者除了需要存储事实类数据外,还需对过程性、启发式数据进行处理与存储,并将知识灵活地运用到实际问题的分析与解决过程中。在突发事件应急领域,知识库以提高应急决策科学性与效率为首要目的,为知识库用户提供更加快速、精准的知识内容与服务。我国关于突发事件知识库的研究最早源于工业领域的专家系统,旨在利用事实、规则等领域有关的知识对生产事故进行求解。由于知识库构建过程的复杂性和困难程度,越来越多研究人员将其从专家系统、决策支持系统中抽离出来,转向单独对应急处置知识库模型、结构等进行研究,并取得了丰硕的成果。应急处置知识库可以为道路营运管理部门提供决策支撑,应急处置知识库构建是港珠澳大桥实现应急智能化的关键技术之一。

4.1.2　应急处置知识库构建技术实施路径

目前主流的知识库构建技术有本体、知识图谱、机器学习等技术,知识工程模型、Petri 网、大型自然语言模型等则是构建知识库的常用模型。通常应急处置知识库可以为应急处置人员提供知识参考,提高应急处置效率。如何有效解析多来源的文档数据,以及设计合理的文档信息抽取及匹配模型,是应急处置知识库构建的关键问题。根据应急处置需求,确定应急处置知识的获取方法、表达方法和存储方法;在此基础上,研究应急处置节点库和应急处置公共策略规则库的构建方法,最后设计应急处置知识库的维护策略。港珠澳大桥应急处置知识库构建技术实施路线如图 4.1-1 所示。

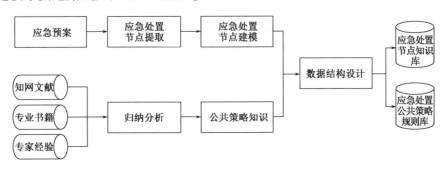

图 4.1-1　港珠澳大桥应急处置知识库构建技术实施路线图

1）应急处置知识的获取、表达和存储

（1）应急处置知识的获取。

知识获取是知识表达和知识存储的基础，也是知识库构建的关键技术之一。知识获取是将预案、专家经验、文献中的相关知识总结成高速公路突发事件应急处置知识，并作为应急处置库中知识的来源。应急处置节点知识主要来源于突发事件应急预案，一般采用人工获取方法。公共策略规则来源于文献、专家经验、作业规范手册等，分布广泛且没有一定的规律，本书也采用人工获取方法。

①人工获取方法。

人工获取方法是通过人工收集的方式获取知识，有两种主要的获取方式。一是依靠人员查找书籍或相关文献，比如从行业标准、规范、成功案例等获取知识；二是通过人员与行业专家及设计者进行交流获取行业专家经验知识。这两种方法虽然需要消耗大量人力资源及物力资源，但是获取的知识可靠性较强。适用于非结构化的文本知识。如图4.1-2所示。

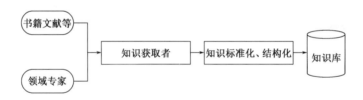

图4.1-2 手工获取知识

②半自动获取方法。

半自动获取方式采用专门的知识编辑软件，比如思维导图软件、数据库软件、Wiki软件等，对专家采取提示、指导或问答的方式提取、归纳知识，适用于获取专家经验知识。如图4.1-3所示。

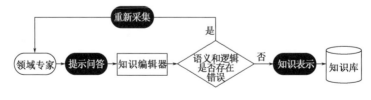

图4.1-3 半自动获取知识

③自动获取方法。

自动获取方式指采用机器学习方法，根据信息源中的信息提取出相应知识，实现知识的智能化获取。如决策树、人工神经网络等算法,适用于信息源有一定规律且可利用机器学习算法获取的知识,如图 4.1-4 所示。

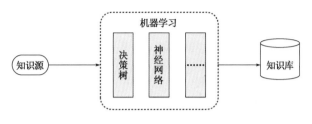

图 4.1-4　自动获取知识

(2)应急处置知识的表达。

应急处置知识的表达则有 Petri 网表达法。在 Petri 网表示法中,对于不同的应用,网的构成和构成元素的意义均不相同,但是有 3 种元素是基本的,即库所(Place)、变迁(Transition)和托肯(Token)。Petri 网的形式化定义为:

$$\Sigma = (P, T; F, K, W, M_0) \quad (4.1\text{-}1)$$

其中:$P = \{P_1, P_2, P_3, \cdots, P_m\}$,表示库所集合;$T = \{T_1, T_2, T_3, \cdots, T_n\}$,表示变迁的集合;$F$ 表示流关系;K 表示容量函数;W 表示权函数;M_0 表示初始标识。

利用 Petri 网基本知识表达组件可以构造出复杂的基于 Petri 网的知识表达网络。以危化品泄漏事件应急联动处置流程为例构造其 Petri 网,如图 4.1-5 和表 4.1-1 所示。

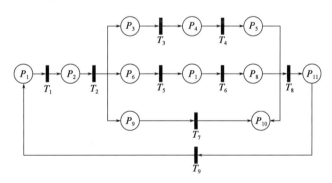

图 4.1-5　基于 Petri 网的危化品泄漏事件应急联动处置模型

危化品泄漏事件应急联动处置模型库所及变迁的含义　　表 4.1-1

库所	含义	变迁	含义
P_1	危险品事故报警	T_1	突发事件发生
P_2	需要外部联动	T_2	应急预案生成

续上表

库所	含义	变迁	含义
P_3	医疗调度方案	T_3	医疗资源赶赴现场
P_4	医疗救治方案	T_4	医疗救治
P_5	医疗救治结束	T_5	消防赶赴现场
P_6	消防调度方案	T_6	洗消作业
P_7	消防洗消方案	T_7	环监部门监测
P_8	消防处置结束	T_8	善后恢复
P_9	环保调度方案	T_9	等待新的突发事件
P_{10}	环境监测采样		
P_{11}	应急结束		

当危化品泄漏事件发生后，变迁 T_1 发生，如果该突发事件需要外部联动，在变迁 T_2 发生后，库所 P_3、P_6 和 P_9 就有得到令牌的机会，即可以执行变迁 T_3、T_5 和 T_7。应急指挥中心向医疗、消防和环保进行信息报送，医疗、消防和环保立刻进行响应并前往事故现场进行现场勘查并制定救援方案，当医疗、消防和环保撤离现场后，变迁 T_8 被触发，库所 P_{11} 获得令牌，表示应急救援结束。

（3）应急处置知识的存储。

采用 MySQL 数据库存储处置节点库和规则库相关知识。一方面处置节点库中存储的处置节点实例数量并不大，每个处置节点都具有相同的结构化属性，MySQL 数据库的表能够存储结构化的知识，并保持数据的一致性和完整性。另一方面规则库用于存储应急处置规则时，应急处置规则的前提和结论存在对应关系，在存储时需要设计其关系，MySQL 是一种被广泛应用的关系型数据库，在采用存储产生式规则时方便快捷，关系的维护也较为容易。

2）应急处置节点库构建

（1）应急处置节点提取。

港珠澳大桥突发事件应急处置预案中包含多个处置节点。在构建港珠澳大桥突发事件应急处置知识库之前，首先要从各类应急处置预案中提取各个救援部门在应急处置过程中执行的全部处置节点，作为处置节点库的数据来源。

港珠澳大桥突发事件应急处置节点的提取方法如图 4.1-6 所示。采用人工提取的方法,首先从各类应急处置文本预案中梳理出应对突发事件的应急处置流程,然后分解应急流程,提取各类突发事件对应的全部处置节点。

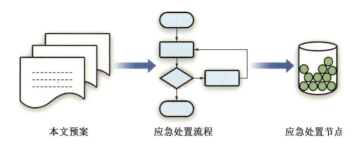

图 4.1-6　港珠澳大桥突发事件应急处置节点提取示意图

在港珠澳大桥突发事件应急处置节点的提取过程中,会遇到不同应急救援部门执行同一名称的处置节点的情况,例如消防人员"赶往事故现场"和路政人员"赶往事故现场",在这两种情况下"赶往事故现场"这一处置节点所对应的执行人员不同,因此,它们虽然名称相同,但在本质上它们是不同的处置节点。为了加以区分,本书采取加序号的方法,在相同名称的处置节点后面加上序号,比如消防人员"赶往事故现场"记为"赶往事故现场 1"、路政人员"赶往事故现场"记为"赶往事故现场 2"等等,其他类似的情况也按照此方法处理。同时,为了避免处置节点的提出过程中出现混乱,本书将处置节点按照不同的执行人员进行归类整理。

按照上述分析,根据表 4.1-2 所示的形式对应急处置预案中处置节点进行一一提取。该表中突发事件对应列中的"√"表示在应急处置过程中该突发事件所用到的全部处置节点,"—"代表该突发事件没有使用到的处置节点。

港珠澳大桥突发事件应急处置预案中应急处置节点提取表　　表 4.1-2

救援部门	处置内容	事件类型 1	事件类型 2	事件类型 3	……	事件类型 n
救援人员 1	处置节点 1	—	√	—	√	—
	处置节点 2	√	—	√	—	—
	……	—	—	—	—	√
	处置节点 i	—	√	√	√	—
救援人员 2	处置节点 $i+1$	√	—	—	√	—
	处置节点 $i+2$	—	√	—	√	—
	……	—	—	—	√	√

续上表

救援部门	处置内容	事件类型1	事件类型2	事件类型3	……	事件类型n
救援人员3	处置节点k+1	—	√	—		—
	处置节点k+2	√	—	√	√	—
	……	—	√	√		—
	处置节点h	√	—	√		
……	……		√			
救援人员n	处置节点j	—		√	—	√
	……		√			
	处置节点m	—	√			√

按照上述提取方法,本文将收集到的50多套不同地区、不同类型的应急预案中的处置节点一一提取出来。由于提取的处置节点较多,这里以路政部门路政人员的处置节点为例进行展示,见表4.1-3。

港珠澳大桥突发事件应急处置节点部分结果示例　　表4.1-3

响应岗位	序号	处置节点	交通事故	火灾事故	暴雨	生产安全事故	……	滑坡	危化品泄漏
路政	1	监控调度中心任务	√	√	√	√	……	√	√
	2	事件响应接报	√	√	√	√	……	√	√
	3	赶赴事故现场	√	√	—	√	……	√	√
	4	事故现场停车	√	—	—	√	……	√	√
	5	事件信息上报路政领导	√	√	√	√	……	√	√
	6	警戒区设置	√	√	—	√	……	√	√
	7	预警区设置	√	√	—	—	……	√	√
	8	现场情况上报监控调度中心	√	√	√	√	……	√	√
	20	危化品勘查	—	—	—	—	……	—	√
	22	危化品初步处置	—	—	—	—	……	—	√
	23	疏通现场救援通道	√	√	—	√	……	√	√
	25	关注事件发展动态,随时待命,直至应急响应状态终止	—	—	√	—	……	—	—

续上表

响应岗位	序号	处置节点	交通事故	火灾事故	暴雨	生产安全事故	……	滑坡	危化品泄漏
路政	70	现场人员疏散	√	√	—	√	……	√	√
	71	采取灭火措施	—	√	—	—	……	—	—
	72	现场伤员临时救治	√	√	—	√	……	√	√
	73	协同交警制订现场车辆疏散方案	√	√	—	√	……	√	√
	74	现场车辆疏散	√	√	—	√	……	√	√
	85	登记当事人及事故车辆信息	√	√	—	—	……	—	√
	86	同当事人或被邀请人进行路产勘查	√	√	—	√	……	√	√
	87	启动公路路产索赔	√	√	—	√	……	√	√
	90	现场处置完成情况上报,并申请撤离	√	√	—	√	……	√	√
	91	撤离事故现场	√	√	—	√	……	√	√

(2)应急处置节点建模。

将突发事件处置节点分别按照不同的执行人员从应急预案中提取出来之后,根据处置节点本身的内容及其所关联的信息,可以定义一些属性来描述各项处置节点,这即是对处置节点进行多维度建模的过程。

从应急预案中的岗位职责内容结合高速公路突发事件应急预案中的描述内容对处置节点进行分析。专项应急预案即应对某类突发事件的预案,从表4.1-3中也能看出处置节点有各自适用的突发事件类型、等级、处置阶段、天气等;此外响应岗位即执行该项处置的人员或部门主体存在多种情况;岗位之间信息传递内容不同;应急处置节点所需的物资也不同。综上分析,得出处置节点(Handling essential)多方面的属性元素:事件(Incident)、执行主体(Subject)、信息交互(InfoInteratcion)、业务规范(Business)、应急物资(Supplies)和动态信息(DynInformation),本文从这6个维度对处置节点进行建模,其模型表示为:

$$H_{essantial} = \{H_{Incident}, H_{Subject}, H_{InfoInteraction}, H_{Business}, H_{Supplies}, H_{DynInformation}\} \quad (4.1\text{-}2)$$

根据预案和案例中应急处置内容的描述将处置节点所含属性元素进一步细分得到处置节点元素的分层结构,按照处置节点的6个维度,定义了以下21个主要的属性类型,如图4.1-7所示。

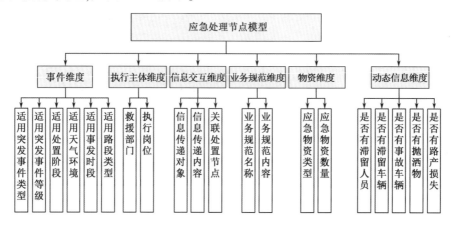

图4.1-7 港珠澳大桥突发事件应急处置知识多维度属性集合

①事件维度。

针对不同的突发事件,处置节点的事件属性应该具有适应性,包括适用突发事件的类型(Type)、适用突发事件级别(Level)、适用处置阶段(Stage)、适用天气环境(Weather)、适用事发时段(Period)和路段类型(Section),事件维度元素含义说明如表4.1-4所示,事件维度元素属性如表4.1-5所示。可将其表示为:

$$H_{\text{Incident}} = \{H_{\text{Type}}, H_{\text{Level}}, H_{\text{Stage}}, H_{\text{Weather}}, H_{\text{Period}}, H_{\text{Section}}\} \quad (4.1\text{-}3)$$

事件维度元素含义说明   表4.1-4

元素	含义	说明
Type	适用突发事件类型	发生某种突发事件时启动该处置节点
Level	适用突发事件级别	突发事件属于何种响应级别时启动该处置节点
Stage	适用处置阶段	处于何种处置阶段时启动该节点
Weather	适用天气环境	发生在某种天气下启动该应急处置节点
Period	适用事发时段	事件发生在哪种时间段时启用该处置节点
Section	适用路段类型	事件发生在哪种路段时启用该处置节点

事件维度元素属性表   表4.1-5

元素	含义	取值类型	取值
Type	适用突发事件类型	字符型	{通用,火灾,交通事故,暴雨,……}
Level	适用突发事件级别	字符型	{通用,Ⅰ级,Ⅱ级,Ⅲ级,Ⅳ级,Ⅴ级}

续上表

元素	含义	取值类型	取值
Stage	适用处置阶段	字符型	{通用,检测与确认,应急响应,现场处置,后期恢复}
Weather	适用天气环境	字符型	{雪,晴,阴,雨,雾}
Period	适用事发时段	字符型	{通用,白天,黑夜}
Section	适用路段类型	字符型	{通用,隧道,收费站,匝道,桥梁,主线道路}

其中处置节点对应的事件类型、级别、处置阶段、路段类型和事发时段的取值可以是单个事件的或者多个事件的,也可以是全部通用。

②执行主体维度。

不同救援部门、不同岗位之间的处置职责各有不同,因此在执行主体维度定义了两个属性:救援部门(Department)和执行岗位(Position),如表 4.1-6 和表 4.1-7 所示。即:

$$H_{\text{Subject}} = \{H_{\text{Department}}, H_{\text{Position}}\} \quad (4.1\text{-}4)$$

执行主体维度元素意义说明　　　　　表 4.1-6

元素	含义	说明
Department	救援部门	执行该处置节点的人属于哪一部门
Position	执行岗位	执行该处置节点的人属于什么职位

执行主体维度元素属性表　　　　　表 4.1-7

元素	含义	取值类型	取值
Department	救援部门	字符型	{消防,医疗,路政,交警,……}
Position	执行岗位	字符型	{监控员,消防队长,路政队长,护士,……}

③信息交互维度。

在高速公路突发事件应急处置过程中,各部门各岗位的人需要通过信息传递了解相关情况并进行下一步的应急处置,本文定义了信息传递对象(Object)、信息传递内容(Content)和关联处置节点(Relevance)作为信息维度的属性。即:

$$H_{\text{InfoInteraction}} = \{H_{\text{Object}}, H_{\text{Content}}, H_{\text{Relevance}}\} \quad (4.1\text{-}5)$$

应急处置节点中包含上报、申请、命令等信息传递形式,是高速公路多部门、多层级协调处置中关键信息的传递措施。根据突发事件的具体情况,应急指挥中心会给各部门下达相关命令,救援部门也会及时上报和反馈事故处置信息。

下达的命令包括开始开启机电设备控制、恢复交通管控、撤离现场等。上报的内容包括事件情况、交通情况、申请资源等内容。在响应的不同阶段内容也有变化,各岗位在接到报告或执行某项操作后应立即采取的其他措施即该报告节点的关联节点。各元素意义及属性取值如表4.1-8和表4.1-9所示。

信息维度元素意义说明 表4.1-8

元素	含义	说明
Object	信息传递对象	该信息要传递的部门
Content	信息传递内容	该信息传递的内容
Relevance	关联处置节点	该信息传递后关联部门要执行的处置节点

信息维度元素属性取值 表4.1-9

元素	含义	取值类型	取值
Object	信息传递对象	字符型	{监控中心、消防人员、医疗值班人员,……}
Content	信息传递内容	字符型	{事件情况、处置情况、资源申请,……}
Relevance	关联处置节点	字符型	{1,2,3,……}

④业务规范维度。

业务规范(Business)是针对业务活动过程中那些大量存在、反复出现,又能摸索出科学处理方法的事务所制定的作业处理规定。在应急处置任务执行过程中,执行人必须按照相关的业务规范执行本项任务,例如路政人员在执行"现场停车"任务时,必须根据其业务规范:"在事故点上游50m处,或可以看到事故现场的相对安全的位置的地方停车",不得在其他位置随意停靠。在应急处置点中的业务规范主要包括业务规范名称和业务规范内容两个方面,因此定义业务规范名称(Name)和业务规范内容(Content)两个属性对业务规范维度进行描述,如表4.1-10和表4.1-11所示。其表示为:

$$H_{Business} = \{H_{Name}, H_{Content}\} \quad (4.1-6)$$

业务规范维度元素属性意义说明 表4.1-10

元素	含义	说明
Name	业务规范名称	该应急处置点对应何种业务规范
Content	业务规范内容	该业务规范的具体内容是什么

业务规范维度元素属性取值　　　　　　　表4.1-11

元素	含义	取值类型	取值
Name	业务规范名称	字符型	{现场停车,限速标志摆放,信息核验,……}
Content	业务规范内容	字符型	{事故点上游50m处,或可以看到事故现场的相对安全的位置的地方停车,……}

⑤物资维度。

在处置相关应急处置点时,应急人员需要使用相关应急物资帮助其更好地完成应急任务。应急物资的属性包含应急物资类型(Type)和应急物资数量(Number),不同应急处置点,应急物资和数量各有不同。将物资维度表示为:

$$H_{\text{Supplies}} = \{H_{\text{Type}}, H_{\text{Number}}\} \tag{4.1-7}$$

物资维度元素意义说明及属性取值如表4.1-12和表4.1-13所示。

物资维度元素意义说明　　　　　　　表4.1-12

元素	含义	说明
Type	应急物资类型	该应急处置点需要使用哪些应急物资
Number	应急物资数量	该应急处置点需要使用多少应急物资

物资维度元素属性取值　　　　　　　表4.1-13

元素	含义	取值类型	取值
Type	应急物资类型	字符型	{锥形桶,限速标志,消防水罐车,……}
Number	应急物资数量	数值型	{1,2,3,4,……}

⑥动态信息维度。

高速公路突发事件特征中包含的动态信息决定对于同一类突发事件中同一个救援部门是否执行某一应急处置节点。比如,有A和B两起交通事故,A事故中有路产损失,A和B事故都有路政参与救援,但A事故中路政还需要执行路产勘查和路产索赔两个应急处置要点。因此,应急处置节点除了事件、信息、物资等典型维度之外,还需要定义动态信息维度,用于突发事件与应急处置节点的匹配。本文将这些动态信息总结为是否有滞留人员(SPeople)、是否有滞留车辆(SVehicle)、是否有事故车辆(AVehicle),是否有抛洒物(Spill)和是否有路产损失(HProperty)。使用五元组将动态信息表示为:

$$H_{\text{DynInformation}} = \{H_{\text{SPeople}}, H_{\text{SVhicle}}, H_{\text{AVehicle}}, H_{\text{Spill}}, H_{\text{HProperty}}\} \tag{4.1-8}$$

动态信息维度元素意义说明及属性取值如表 4.1-14 和表 4.1-15 所示。

动态信息维度元素意义说明　　　　　　　　　　　　表 4.1-14

元素	含义	说明
SPeople	是否有滞留人员	有滞留人员时启动该应急处置节点,反之,不启动
SVehicle	是否有滞留车辆	有滞留车辆时启动该应急处置节点,反之,不启动
AVehicle	是否有事故车辆	有事故车辆时启动该应急处置节点,反之,不启动
Spill	是否有抛洒物	有抛洒物时启动该应急处置节点,反之,不启动
HProperty	是否有路产损失	有路产损失时启动该应急处置节点,反之,不启动

动态信息维度元素属性取值　　　　　　　　　　　　表 4.1-15

元素	含义	取值类型	取值
SPeople	是否有滞留人员	字符型	{通用,是,否}
SVehicle	是否有滞留车辆	字符型	{通用,是,否}
AVehicle	是否有事故车辆	字符型	{通用,是,否}
Spill	是否有抛洒物	字符型	{通用,是,否}
HProperty	是否有路产损失	字符型	{通用,是,否}

(3)应急处置节点知识存储。

将构建的应急处置节点模型进行实例化,并存储于 MySQL 数据库中,构建处置节点知识库。应急处置节点以结构化的形式存储在 MySQL 数据库中,系统可以通过 SQL 语言对应急处置节点进行搜索和查看,方便对应急处置节点进行有效管理,为知识推理奠定基础。应急处置节点与其业务规范维度的属性是一对多的关系(一个应急处置节点存在多个业务规范),需要进行分表设计,分别建立应急处置节点表和业务规范表。应急处置节点表和业务规范表通过外键连接在一起,其关系实体如图 4.1-8 所示。

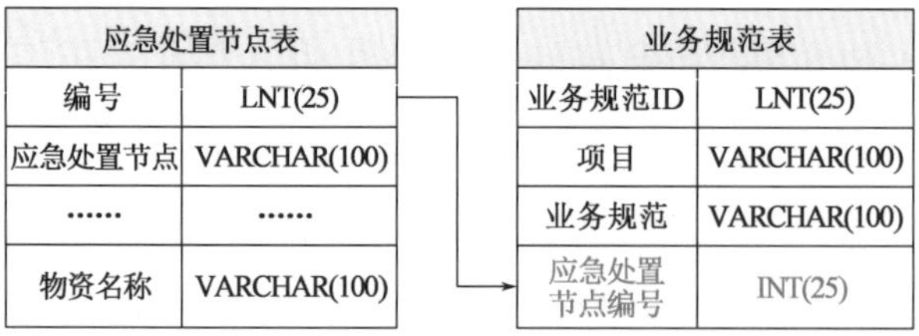

应急处置节点表			业务规范表	
编号	LNT(25)		业务规范ID	LNT(25)
应急处置节点	VARCHAR(100)		项目	VARCHAR(100)
……	……		业务规范	VARCHAR(100)
物资名称	VARCHAR(100)		应急处置节点编号	INT(25)

图 4.1-8　应急处置节点表和业务规范表的实体关系

①应急处置节点表。

应急处置节点表用于存储应急处置节点的匹配属性和内容属性。匹配属性包括适用事件类型、事件等级、天气等。内容属性包括信息传递的对象、关联处置点、物资类型等。根据三大范式原则设计应急处置节点数据表,其数据表结构如表 4.1-16 所示。

应急处置节点存储结构　　　表 4.1-16

字段名	字段描述	数据类型	备注
JD_ID	处置节点编号	INT(25)	主键
PointName	应急处置节点名称	VARCHAR(100)	非空
Type	适用突发事件类型	VARCHAR(100)	非空
Level	适用突发事件级别	VARCHAR(100)	非空
Stage	适用处置阶段	VARCHAR(100)	非空
Weather	适用天气环境	VARCHAR(100)	非空
Period	适用事发时段	VARCHAR(100)	非空
Secion	适用路段类型	VARCHAR(100)	非空
Department	救援部门	VARCHAR(100)	非空
Position	执行岗位	VARCHAR(100)	—
Object	信息传递对象	VARCHAR(100)	—
Content	信息传递内容	VARCHAR(100)	—
Relevance	关联处置节点	VARCHAR(100)	—
Name	业务规范名称	VARCHAR(100)	—
Content	业务规范内容	VARCHAR(100)	—
Type	应急物资类型	VARCHAR(100)	—
Number	应急物资数量	VARCHAR(100)	—
SPeople	是否有滞留人员	VARCHAR(100)	非空
SVehicle	是否有滞留车辆	VARCHAR(100)	非空
AVechcle	是否有事故车辆	VARCHAR(100)	非空
Spill	是否有抛洒物	VARCHAR(100)	非空
HProperty	是否有路产损失	VARCHAR(100)	非空

②业务规范表。

业务规范表用于描述应急处置节点的业务规范项目以及其对应的规范内容。应急处置节点的业务规范有动态和静态之分,在实例化动态业务规范过程中,本书使用编号表示,方便规则库的规则匹配。业务规范表的存储结构和业务规范表实例分别如表 4.1-17、表 4.1-18 所示。

业务规范存储结构　　　　　　　　　　　　　表 4.1-17

字段名	字段描述	数据类型	备注
YW_ID	业务规范唯一标识符	INT(25)	主键
ServiceName	业务规范名称	VARCHAR(100)	—
ServiceContent	业务规范内容	VARCHAR(100)	—
JD_ID	应急处置节点编号	INT(25)	外键

业务规范表实例(部分)　　　　　　　　　　　表 4.1-18

业务规范唯一标识符	业务规范名称	业务规范内容	JD_ID
1	警戒区划分	划分事故点的预警范围	35
2	锥形桶摆放	确定告警区、纵向缓冲区等管控区域内的机电设备控制规则	35
3	限速标志摆放	确定告警区、纵向缓冲区等管控区域内的机电设备控制规则	35
4	车辆报警装置摆放	确定告警区、纵向缓冲区等管控区域内的机电设备控制规则	35
5	隧道内疏散	要先将车辆内可行动人员通过应急疏散口疏散至中央管廊	49
6	路(桥)面	引导滞留车辆通过桥面应急开口经由对侧车道驶离事故现场	60
7	信息登记	登记内容:当事人身份证件、机动车驾驶证、机动车行驶证、机动车保险标志	116
8	土建损坏检查	不同类型土建如何确认	86
9	现场停车	救援车辆应首先停放在安全距离外,且上风处,车尾朝向事故区域,以便紧急情况下撤离,开启警灯,夜间或雨雾天气还应当开启危险报警闪光灯和示廓灯	71
10	可变信息标志控制	确定告警区、纵向缓冲区等管控区域内的机电设备控制规则	7

3)应急处置公共策略规则库构建

(1)公共策略知识的获取。

规则库知识的获取建立在公共策略知识的基础之上。规则库知识获取是指将知识从应急处置人员、专家或数据库、专业书籍中提取出来,按照一定的规则转化为程序可解析的语言。采用人工获取的方式获取公共策略知识,首先阅读相关文献、专业书籍和以往案例等资料；然后，通过与消防、交通、安全等专家对话获取专家的经验。将通过以上途径对收集到的信息进行归纳分析，获得高速公路突发事件应急处置公共策略知识。如图 4.1-9 所示的为公共策略知识获取的过程。

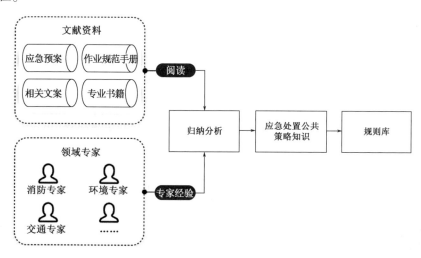

图 4.1-9　应急处置规则知识获取过程

（2）公共策略知识的表达。

根据应急处置规则知识的获取方法及流程，归纳整理了安全防区划分规则、现场交通管控规则、机电设备控制规则等 6 种规则，具体如表 4.1-19 所示。

应急处置规则　　　　　　　　　　　　　　表 4.1-19

序号	一级规则名称	二级规则名称	三级规则名称	规则编号
1	安全防区划分规则	现场交通管控区域划分规则	预警区划分规则	AQFQ-JQ-YJQ
			警戒区划分规则	AQFQ-JQ-JJQ
		机电设备管控区域划分规则	告警区划分规则	AQFQ-JD-GJQ
			纵向缓冲区划分规则	AQFQ-JD-HCQ
			上游过渡区划分规则	AQFQ-JD-SGDQ
			下游过渡区划分规则	AQFQ-JD-XGDQ
			终止区划分规则	AQFQ-JD-ZZQ
2	现场交通管控规则	—	—	XCJTGK
3	机电设备控制规则	机电设备控制区域内机电控制规则	—	JDSB-JD
		异常气候机电设备控制规则	—	JDSB-YCQH

续上表

序号	一级规则名称	二级规则名称	三级规则名称	规则编号
4	专家匹配规则	—	—	ZJPP
5	养护作业规则	机电设备检修规则	—	YHZY-JD
		土建损坏检查规则	—	YHZY-TJ
6	道路清障规则			XCQZ

安全防区规则包括机电设备控制区域划分规则和现场交通管控区域划分规则。信息报送规则是根据突发事件类型和响应等级,分别把信息报送给不同的救援单位。机电设备控制规则分为现场管控机电设备控制规则和异常气候机电设备控制规则,现场管控机电设备控制规则分别在告警区、缓冲区、上游过渡区和事故区,根据事件特征和车道占用情况控制可变信息、应急广播、交通信号灯等设备。异常天气控制规则主要针对大雾、暴雪等天气,通过控制可变限速标志、可变信息标志、雾灯等设备实现交通诱导和信息报送。现场交通管控规则规定了预警区和警戒区内锥形桶、限速标志和车辆报警装置的使用规则。专家匹配规则是根据突发事件类型匹配不同类型的救援专家。物资匹配规则是根据不同的处置节点配置不同的物资类型和数量。

上述规则都可以通过产生式表达法来实现,由于应急处置规则较多,本文以现场交通管控规则为例进行具体表述。

规则1:如果事故发生在直线路段,那么锥形桶应该在事故地点上游200m处从护栏到事故占用车道外侧车道分隔标线,以45°夹角,每隔1.2~1.5m放置1个锥形桶。在事故中间位置在占用车道外侧车道标线每隔10~20m处设置1个锥形桶并在事故下游50m处也设置1个锥形桶。在事故下游50m处与车道分隔标线成90°每隔1.2~1.5m放置1个锥形桶。限速标志摆放在警戒区起始位置,锥形桶后方2~3m处,面向来车方向,限速40km/h;车辆报警装置应该放置于沿事故现场的锥形桶上,从前往后设置。

IF(事故路段类型=直线)THEN(锥形桶应该在事故地点上游200m处从护栏到事故占用车道外侧车道分隔标线,以45°夹角,每隔1.2~1.5m放置1个锥形桶。在事故中间位置在占用车道外侧车道标线每隔10~20m处设置1个锥形桶并在事故下游 50m 处也设置 1 个锥形桶。在事故下游 50m 处与车道分隔标线成 90°每隔 1.2～1.5m 放置一个锥形桶 AND 限速标志摆放在警戒区起始位置,锥形桶后方 2～3m 处,面向来车方向,限速 40km/h AND 车辆报警装置应该沿事故现场的锥形桶上,从前往后设置)。

规则 2:如果事故发生在弯道路段或者隧道路段,那么锥形桶应该在事故地点上游 500m 处从护栏到事故占用车道外侧车道分隔标线,以 45°夹角,每隔 1.2～1.5m 放置 1 个锥形桶。在事故中间位置在占用车道外侧车道标线每隔 10～20m 处设置一个锥形桶并在事故下游 50m 处也设置 1 个锥形桶。在事故下游 50m 处与车道分隔标线成 90°每隔 1.2～1.5m 放置一个锥形桶。限速标志摆放在警戒区起始位置,锥形桶后方 2～3m 处,面向来车方向,限速 20km/h;车辆报警装置应该放置于沿事故现场的锥形桶上,从前往后设置。

IF(事故路段类型 = 直线 OR 事故路段类型 = 隧道)THEN(锥形桶应该在事故地点上游 500m 处从护栏到事故占用车道外侧车道分隔标线,以 45°夹角,每隔 1.2～1.5m 放置 1 个锥形桶。在事故中间位置在占用车道外侧车道标线每隔 10～20m 处设置 1 个锥形桶并在事故下游 50m 处也设置 1 个锥形桶。在事故下游 50m 处与车道分隔标线成 90°每隔 1.2～1.5m 放置一个锥形桶 AND 限速标志摆放在警戒区起始位置,锥形桶后方 2～3m 处,面向来车方向,限速 20km/h AND 车辆报警装置应该放置于沿事故现场的锥形桶上,从前往后设置)。

规则 3:如果事故发生在匝道路段或者收费站路段,那么锥形桶应该在事故地点上游 200m 处从护栏到事故占用车道外侧车道分隔标线,以 45°夹角,每隔 1.2～1.5m 放置 1 个锥形桶。在事故中间位置在占用车道外侧车道标线每隔 10～20m 处设置 1 个锥形桶并在事故下游 50m 处也设置 1 个锥形桶。在事故下游 50m 处与车道分隔标线成 90°每隔 1.2～1.5m 放置一个锥形桶。限速标志摆放在警戒区起始位置,锥形桶后方 2～3m 处,面向来车方向,限速 40km/h;车辆报警装置应该放置于沿事故现场的锥形桶上,从前往后设置。

IF(事故路段类型 = 匝道 OR 事故路段类型 = 收费站)THEN(锥形桶应该在事故地点上游 200m 处从护栏到事故占用车道外侧车道分隔标线,以 45°夹角,每隔 1.2～1.5m 放置 1 个锥形桶。在事故中间位置在占用车道外侧车道标线每隔 10～20m 处设置 1 个锥形桶并在事故下游 50m 处也设置 1 个锥形桶。在事故下游50m处与车道分隔标线成90°每隔1.2~1.5m放置一个锥形桶AND限速标志摆放在警戒区起始位置,锥形桶后方2~3m处,面向来车方向,限速40km/h AND车辆报警装置应该沿事故现场的锥形桶上,从前往后设置)。

4.2 应急资源配置优化技术

4.2.1 应急资源配置优化技术概述

突发事件给应急管理带来了挑战。现有应急资源配置方案制定一般依据预防阶段的应急预案,并结合应急管理人员处置经验完成决策,难以发挥人工智能决策科学、可靠的优势。在实际过程中,主观决策的配置方案通常不能满足实际需求,这意味着突发事件的资源配置需要一种科学客观的方法来实现。传统上,由于应急救援的特殊性,救援时间是应急决策者考虑的唯一因素。面向更高的救援需求,如何在应急管理中平衡"安全"与"绿色"理念也是应急资源配置优化要解决的关键问题。

应急资源配置优化研究是指综合多个应急设施点在交通事故前进行的资源需求预测和按需配置的过程,旨在保证响应质量的情况下,实现节省应急资源,降低救援成本,提高应急响应效率的目的。资源需求预测是目前应急资源配置优化研究的重点。近年来,随着人工智能技术的发展,应急资源配置优化研究也迎来了发展契机。多源感知设备的部署、事件信息记录的完善,为应急资源需求预测提供了数据支撑。更精准、更科学、更合理的应急资源配置优化研究是港珠澳大桥走向智能化应急的关键技术之一。

4.2.2 应急资源配置优化技术实施路径

应急资源配置优化技术旨在综合多个应急设施点在突发事件前进行资源配置和应急响应时进行按需配置的过程。目前,多阶段规划与资源需求预测是应急资源配置优化的关键技术,两阶段、三阶段规划模型,机器学习模型,马尔可夫模型,机会成本模型,动态规划模型,鲁棒优化模型等是应急资源配置优化技术常用的模型。本文通过资源需求预测叙述应急资源配置优化技术的实施路径。事件危险程度及其特有要素与现场所需的应急资源需求相关,因此需要分析不同典型突发事件的要素,构建指标体系。其次根据指标体系建立资源需求预测模型。下文以港珠澳大桥交通事故为例叙述应急资源配置优化技术的实施路径,技术路线如图 4.2-1 所示。

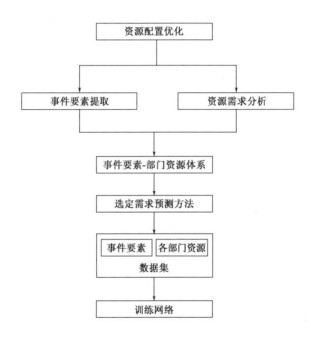

图 4.2-1　应急资源配置优化技术路线图

1) 港珠澳大桥交通事故要素指标体系构建

港珠澳大桥上发生交通事故时,人、车、路、环境是进行资源配置时需要参考的重要指标。为便于资源需求的量化,需要建立港珠澳大桥交通事故要素指标体系,该体系由人、车、路、环境及其下属的 12 个要素和交通事故类型构成,如图 4.2-2所示。同时,由于模型计算需要的是量化后的数值型要素数据,因此需要对各类要素进行数值化处理,诸如伤亡人数,车辆数目等都可以用具体化的数值代表,此类要素使用现场实际数据替代即可。而事故类型、天气信息、是否有危化品、路面污染详情等抽象类数据需要经过处理,根据各类事件详情,制定交通事故要素量化属性表如表 4.2-1 所示。

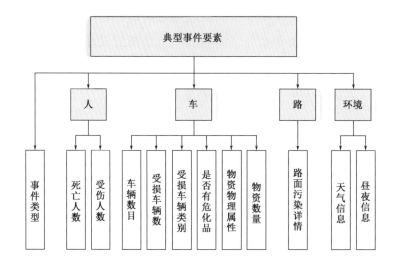

图 4.2-2　港珠澳大桥交通事故要素指标体系

交通事故要素量化　　　　　　　　　　　　　　　　　　　　　　表 4.2-1

因素	事件要素	说明	赋值
事件类型	事件类型	发生事件的具体类型	交通事故-1,危化品事故-2,火灾事故-3
人	死亡人数	事件导致的死亡人数	确定数
	受伤人数	事件导致的受伤人数	确定数
车	车辆数目	涉事的各类车辆数目	确定数
	受损车辆数	现场受损的车辆数目	确定数
	受损车辆类别	现场受损的车辆类别	无-0,客车-1,货车-2,客货-3
	是否有危化品	涉事车辆中是否有危化品车辆	否-0,是-1
	物资物理属性	涉事车辆携带物资的属性	无-0,气态-1,液态-2,固态-3
	物资数量	涉事车辆携带物资的数量	无-0,空载-1,非满载-2,满载-3
路	路面污染详情	事故现场的路面污染情况	无-0,抛洒物-1,油污污染-2,混合污染-3
环境	天气信息	事故现场的天气	晴-1,阴-2,雨-3,雪-4,雾-5
	昼夜信息	事故现场的昼夜	白天-1,黑夜-2

2) 应急资源分类

根据各类事件的救援流程,可以从各个步骤出发,探讨在整个救援处置流程中突发事件所需要的资源类型。通常,应急资源包含各类应急物资,是救援力量在处置各类交通事件时所用到资源的总称。在处置过程中,监控中心借助信息发送平台等设备传达信息,各救援力量结合自己职责,携带专用物资前往现场进行灭火破拆、人员疏散及救治、道路清扫等处置任务。经过梳理,根据各类资源的用途进行分类,结果如表 4.2-2 所示。按所属部门对应急资源进行分类如表 4.2-3 所示。

港珠澳大桥交通事件应急资源分类(按用途)　　　表 4.2-2

通信保障类	人力资源类	交通管制类	生命支持类	生命救援类	道路疏通类	道路清扫类
对讲机 应急手机	路政人员 交警人员 消防人员 医疗人员 养护人员 清障人员	锥形桶 标志牌 反光背心 应急灯 路政车	急救包 担架 呼吸机 氧气瓶 医疗车	灭火器 消防斧 液压钳 水罐消防车 泡沫消防车	清障车	扫把 铁锹 油污清洗剂 回收桶 水罐车 养护车

港珠澳大桥交通事件应急资源分类(按所属部门)　　　表 4.2-3

部门	应急资源
路政	安全帽、反光背心、路政车、应急手机、锥形桶、警示标志、防毒面具、应急灯
交警	安全帽、反光背心、应急手机、锥形桶、防毒面具
医疗	担架、急救包、呼吸机、氧气瓶、医疗车
消防	消防服、防毒面具、防护衣、绝缘手套、消防斧、铁锹、电锯、液压钳、千斤顶、水罐消防车、泡沫消防车、抢险救援消防车
养护	防护服、绝缘手套、线手套、扫把、铁锹、应急手机、油污清洗剂、回收桶、水罐车、养护车
清障	平板清障车、拖吊清障车、起重机

3) 应急资源需求预测模型构建

不同部门职责不同,配置应急资源只需依据关联的事件属性,这是高速公路网交通事故应急资源数量预测问题与神经网络相结合的基础。具体的事件属性决定了应急资源的类别及数量,基于堆栈式自编码器(Stacked auto-encoder)方法开展资源数目预测。将不同部门所管理的资源与关联的事件要素组成数据集,每个部门训练一个模型。当有新发生事件时,向模型传入部门关联的事件要素,即可预测所需求的应急资源,同时,当有新的部门加入应急救援力量体系时,只需依据新的部门职责制定关联的事件要素,新增训练模型即可;同时某个部门如果有新增资源,只需修改输出接口与数据集,重新训练即可。

4.3 事件持续时长预测技术

4.3.1 事件持续时长预测技术概述

事件发生后还会持续多久,其影响时长有多久是困扰应急管理人员开展应急决策的关键问题。突发事件存在高度随机性、不可复制性等特点,驾驶员之间存在异质性,驾驶员本身也存在异质性,很难找到完全相同的两个突发事件。此外,由于救援进程的非线性、难以被结构化等特点,进行突发事件持续时长预测具有挑战性。交通事件持续时长一般分为4个阶段:交通事件发现时间、交通事件响应时间、交通事件清除时间、交通恢复时间。但是,由于各个阶段之间的界限往往较为模糊,所以一般将交通事件持续时长定义为从交通事件发生时起至交通事件清除完毕所用的时间。

交通事故、路面抛洒、道路设施损毁占道等交通事件发生后,容易造成一定空间范围内可用车道数的减少,会对高速公路交通运行状态产生不同程度的影响。并且这种影响会随着事件持续时间的延长,在高速公路上下游蔓延,严重时会影响整个高速公路网络的正常通行。随着人工智能技术的发展,事故报表记录的完善,为突发事件持续时长预测带来了契机。因此,如何快速、准确地掌握交通突发事件持续时长,并根据界定的影响时间范围,合理地采取交通控制和管理措施,进而降低因交通事件带来的拥堵等不利因素的影响,是港珠澳大桥实现智能化应急不可或缺的一步。

4.3.2 事件持续时长预测技术实施路径

事件持续时长一般分为4个阶段:发现时间、响应时间、清除时间以及恢复时间。传统上,事件持续时长预测多采用时间序列模型、概率分布模型、回归分析与决策树模型等,由于事件存在不确定性,传统事件持续时长预测模型准确率较低,且需要大量数据。目前,随着交通运行监测技术手段的不断更新,机器学习模型多用来预测事件持续时长。常用的有贝叶斯网络模型、随机森林模型、长期短时记忆(LSTM)模型等。针对现有事件持续时长预测无法提取突发事件时空特征问题,参考贾平利等人的研究,考虑交通事件持续时长时间序列特点,建立基于递归神经网络(RNN)的初始预测模型,引入注意力机制(ATT),通过特征注意力赋权,体现关键影响因素的主体作用,结合时序注意力实现历史数据与当前信息的有效关联,进而优化初始预测模型,构建基于 ATT-LSTM 的港珠澳大桥交通事件持续时长预测方法,最后进行线下模型评估与线上模型部署。

1)数据处理与分析

在交通监测数据采集和传输的过程中,检测器容易受到外部环境因素或者自身故障影响,导致数据采集错误,出现数据异常等质量问题,这些问题会直接影响到预测模型的稳定性和精度。因此,在将数据用于模型训练和测试之前,将原始数据进行预处理至关重要,主要处理过程包括异常删除、缺失值插补与删除、格式转换等。表 4.3-1 为港珠澳大桥交通事件主要特征及分类。

港珠澳大桥交通事件主要特征及分类　　　　表 4.3-1

特征	数据类型	种类
事件发生时间	连续变量	—
事件发生地点	连续变量	—
天气状况	分类变量	4
路面状况	分类变量	3
上下行	分类变量	2
涉及车辆类型	分类变量	3
涉及车辆数量	连续变量	—
影响范围	分类变量	2
影响车道数量	连续变量	—
是否位于主线	分类变量	2
事件类型	分类变量	5

2)问题描述与模型建立

交通事件持续时长的历史时刻数据跟当前时刻数据密切相关,存在显著的时间序列特性。同时,影响交通事件持续时长的因素多种多样,且各种因素的影响程度差异显著。为准确预测交通事件持续时长,需综合解决上述2个问题。引入ATT优化LSTM模型,一方面采用特征注意力层挖掘输入特征间的潜在相关性,另一方面利用时序注意力层挖掘历史时刻数据和当前时刻数据间的相关性并分配注意力权重,进而构建基于双重注意力机制的交通事件持续时长预测模型。为了实现上述研究思路,需首先明确交通事件持续时长为:在已知交通事件发生前提下,依据事件现场的各种特征信息及历史交通事件持续时长数据对当前交通事件持续时长进行预测。

为了结合特征注意力机制与时序注意力机制所具有的优势,在构建的LSTM模型中加入特征注意力层与时序注意力层,不仅可以对输入的各个特征在每个时刻分配相对应的权重,而且可以通过提取历史关键时刻数据来增强模型预测能力,从而提升预测精度。构建的ATT-LSTM模型包含了输入层、特征注意力层、LSTM层、时序注意力层和全连接层,其模型的具体计算流程如下。

步骤1:输入由历史交通事件时间序列和其他特征组成的三维张量,通过特征注意力层挖掘不同特征间的潜在相关性,动态分配各特征权重,将权重系数映射至区间[0,1],获得加权序列并输入LSTM层。

步骤2:通过LSTM层获取各特征时序之间的关联信息,得到各特征历史时刻的隐藏层状态,并输入时序注意力层。

步骤3:通过时序注意力层获取各特征当前时刻与历史时刻的相关性,并提取不同时刻的重要程度,分配注意力权重,增强历史关键时刻的信息表达能力,将获得加权后的综合时序信息状态输入全连接层。

步骤4:最后通过全连接层接收各历史时刻信息的全局隐藏层状态,并输出未来时刻交通事件持续时长预测值。

3)模型评估与部署

通常,事故持续时长模型预测精度评价指标选择平均绝对误差(Mean Absolute Error,MAE)、平均绝对百分比误差(Mean Absolute Percentage Error,MAPE)及均方根误差(Root Mean Square Error,RMSE)作为模型评价指标。完成模型评估后,通过第三方工具包完成跨平台部署,实现线上获取实时交通事件信息—开展持续时长预测—实时输出持续时长结果的完整流程。

4.4 交通管控决策与应急车辆路径规划技术

4.4.1 交通管控决策与应急车辆路径规划技术概述

突发事件发生后对交通系统会产生以下负面影响：破坏速度快，突发事件会迅速破坏正常的交通秩序，导致人员伤亡或财产损失；蔓延范围广，突发事件的影响会从局部向周边区域快速传播，如果没有采取有效的应急管控策略，可能导致整个交通系统瘫痪；恢复速度慢，突发事件会导致交通系统长时间失效，降低通行能力和服务水平，严重情况下会妨碍应急救援效率。

突发事件发生后，为有效降低财产损失和人员伤亡，减少应急救援在资源调度和路径选择等环节的响应时间损失，保障应急救援任务顺利完成，需要对各类应急救援交通资源进行合理调度，并在起讫点间根据路网实时交通状态，动态选择行驶路径，减少其路段行程时间。交通系统是多要素参与、多模式耦合、多因素作用的复杂巨系统，在受到非常态事件影响时可能造成巨大的人力和财力损失。尤其是高速公路的交通系统，小到交通事故、大型活动，大到洪涝、地震等自然灾害，甚至恐怖袭击和疫情暴发，突发事件一旦发生、交通瓶颈一旦形成、交通设施一旦受损，往往会迅速扩展和蔓延，影响更大的范围甚至导致整个交通系统瘫痪，且难以在短时间内恢复。此外，应急车辆在前往资源需求点的过程中，存在路径冗余、行程时间不可靠等问题，显著降低应急救援效率，这为交通管控与应急车辆路径规划带来了挑战。

交通管控旨在通过运行管理与应急控制，最小化非常态事件对交通系统的影响。面向高速公路交通系统开展应急管控策略研究是降低突发事件造成影响，提升交通系统韧性的必要环节。同时，由突发事件引起的交通流时变、非线性等问题，导致传统应急车辆路径规划受限于当前环境，难以最优。而交通管控技术可以通过设备指令对交通流开展管控，同时可为应急车辆最优路径开辟通道，融合交通管控技术与路径规划更能找到全局最优解。近年来，随着人工智能技术、智能优化技术及计算机算力的发展与提升，融合交通管控技术与路径规划技术成为研究的热点。基于此，如何融合交通管控与路径规划技术，考虑路网交通状态时变特性,在突发事件发生后制定交通管控策略,动态求解最优车辆行驶路径,保证应急车辆到达资源需求点路径最短并通过交通管控策略降低突发事件后的影响,避免衍生灾害是港珠澳大桥智能化应急的关键。

4.4.2 交通管控决策与应急车辆路径规划技术实施路径

交通管控决策与应急车辆路径规划是一个涉及多部门、多设备的决策优化问题。不同部门由于职责及所属上级不同,所处的地理位置也不相同,例如高速交警、路政、养护等部门通常处在路网出入口的管理所,而医疗、清障等部门则大多处在高速公路周边的城镇内部。为满足事发现场的资源需求,同时减少在途的时间成本,需要综合考虑事故点所在区域内部的救援部门分布详情、道路的路况信息。为最优化应急资源前往事故点的处置效果,需要对已有资源进行合理派遣。因此,首先需要开展单个区段的车流量推算,其次综合考虑救援车辆自由流行驶时间、车道通行能力及行驶成本计算构建目标函数并求解最优路径,最后根据港珠澳大桥机电控制设备制定交通管控策略。应急车辆路径规划研究框架如图4.4-1所示。

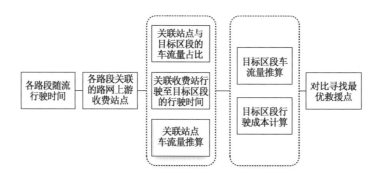

图 4.4-1 应急车辆路径规划研究框架图

1)应急车辆路径规划考虑因素分析

针对多部门多资源多地点的应急救助目标,应急车辆路径规划模型可从下面几方面进行考虑:

(1)依照事故所需求的资源类别及数目,结合事发地所在区域内的救援部门资源存储详情,选取满足需求的部门作为候选救援部门;

(2)通过融合收费系统、基础路况检测设备等多源异构数据并细化分析可

利用信息,挖掘高速公路网中各路段的随流行驶速度、随流行驶时间、路段与路网入口处不同车型的流量占比关系等关键信息;

(3)借助深度学习等人工智能技术,提取不同时间窗口下历史数据的潜在特征,提出预测范围路网下指定路段上客货车流分布状态的方法;

(4)基于Dijkstra、适用于高速公路的改进BPR等方法,联合高速公路网拓扑结构,建立适应典型事件信息的多救援部门择优模型。

发生突发事件后,应急车辆路径规划的目标是使资源能够及时抵达现场满足处置需求,为应急指挥控制提供一种有效的辅助手段,提高应急指挥控制的智能化程度,加快其效率。

2)路段随流行驶时间计算

根据出入站信息并结合网拓扑结构,可以基于Dijkstra最短路径算法获取每条行驶记录中车辆在港珠澳大桥上的最短行程路径及总行驶距离。同时,行驶记录中的出入站时间可以提供车辆在港珠澳大桥上的总行驶时间,从而可以得到单辆车在港珠澳大桥上行驶过程中的全程平均行驶速度,如式(4.4-1)所示:

$$\overline{V}(j) = L(j)/(T'' - T') \tag{4.4-1}$$

式中,T''为车辆j的出站时间;T'为车辆j的入站时间;$L(j)$为车辆j在高速公路上的最短行驶距离;$\overline{V}(j)$为车辆j在行驶过程中的全程平均行驶速度。

高速公路网中每两个收费站点之间的单向行驶道路可以作为一个路段,对于单个目标路段,从海量收费记录中筛选出最短行驶路径中包含该目标路段的车辆,同时可根据车辆的轴数、类别等信息对筛选的车辆进行分类。

利用车型为k,行驶路径包含目标路段i的所有收费记录,统计全程平均行驶速度进而可以得到路段i的k型车随流行驶速度。同时,在已知目标路段总行驶距离的条件下,进一步可以计算出路段i的k型车随流行驶时间。两者数学模型如下:

$$\overline{V}_{i,k} = [\sum_{j=1}^{m_k} \overline{V}(j)]/m_k \tag{4.4-2}$$

$$\overline{t}_{i,k} = L_i/\overline{V}_{i,k} \tag{4.4-3}$$

式中,m_k为最短行驶路径中包含目标路段i,车型为k的收费记录的数量;L_i、$\overline{V}_{i,k}$、$\overline{t}_{i,k}$分别代表从k型车的记录中统计得到的路段i的总行驶距离,k型车随流行驶速度，k 型车随流行驶时间。

3) 应急车辆路径规划寻优

在区域内应急资源存储点较多，分布较广的情况下，判断路网中各路段上实时车流量可以推测路段的具体路况，对于救援车辆的路径规划具有较大的参考价值。实际过程中，救援车辆前往事故点需要综合考虑车辆行驶过程中的油耗成本、时间成本、车辆损耗成本等情况，其中尤以时间成本最为突出，而车辆行程时间很大程度上取决于道路的实时路阻。由于高速公路上车辆的单向行驶特性，在已知出发点和事故点时，很容易得出最短行驶路径，以救援车辆行驶路径中各路段实时路阻为出发点，寻找行程时间最短的应急车辆行驶路径。

救援车辆全程行驶时间成本为其在各路段上的行驶时间成本之和，各路段行驶时间成本以道路阻抗表示，则当前时刻救援点 A 出发的车辆前往事故点 O 的总行驶时间成本为：

$$R_{A,O} = \sum_{i=1}^{n} R_{\text{seg}_i,k} \tag{4.4-4}$$

在区域内所有有效救援点构成的集合 $\text{set}(A,B,C\cdots)$ 中，依次计算从各救援点出发前往事故点的救援车辆所需要花费的总时间成本，在只考虑时间成本时，最优应急车辆行驶路径为：

$$R_{\text{opt}} = \min(R_{A,o}, R_{B,o}\cdots), A,B \subset \text{set}(A,B,C\cdots) \tag{4.4-5}$$

4) 港珠澳大桥安全设施及机电设备构成

设置机电监控系统和安全设施的目的是：在正常交通情况下，为驾驶员提供一个安全和舒适的环境，确保一个良好的服务水平。在意外事件和事故情况下，提供有效的避难场所，确保有效实施对异常情况的检测、确认、告知和处置等行为。港珠澳大桥安全设施及机电监控系统包括：交通诱导及控制系统、照明系统、通风系统、通信系统、供配电系统、消防系统、中央控制系统。港珠澳大桥机电监控系统的构成关系如图 4.4-2 所示。中央控制管理系统接受各类机电子系统送来的信息，并进行综合处理，然后利用人机界面，把各类事件信息传递给应急管理人员，应急管理人员根据事件信息类别，经决策处理后，利用中央控制管理系统的人机界面，对各机电子系统进行控制。

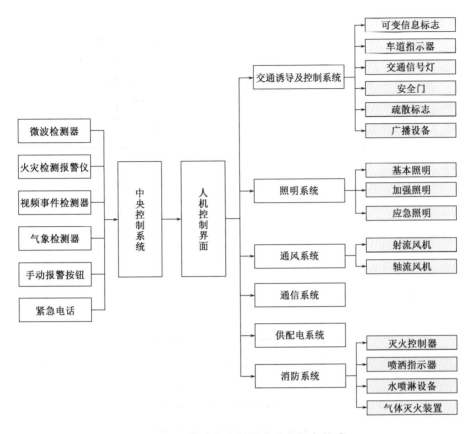

图 4.4-2　港珠澳大桥机电监控设备构成

5）机电设备控制范围划分与确定

将港珠澳大桥划分为若干区段、区段内划分若干单元、隧道单元又划分防灾分区，单元监控系统又由若干监控子系统构成，各监控子系统又包括若干监控设备。

（1）区段划分。

港珠澳大桥以应急开口为边界划分区段，应急开口至隧道、应急开口至应急开口之间的距离作为一个预案区段，将港珠澳大桥划分为相互联动的若干区段。

（2）单元划分。

港珠澳大桥主体以应急开口为边界，沿行车方向将桥梁到隧道之间的路段、应急开口到应急开口之间的路段作为单元。区段区域以 3km 划分单元。基于该原则将区段划分为相互联动的若干单元。如图 4.4-3 所示。

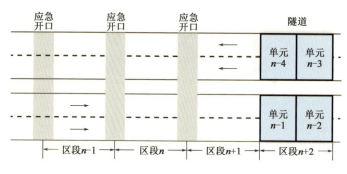

图 4.4-3　区段及单元划分

（3）隧道单元防灾分区划分。

为方便控制隧道人员与车辆的有序疏散，根据隧道内的机电设备和交通诱导控制系统的布置特点，将两条车行横通道之间的隧道长度作为一个防灾分区，实现事故在隧道不同位置时实施不同的机电联动控制策略，如图 4.4-4 所示。

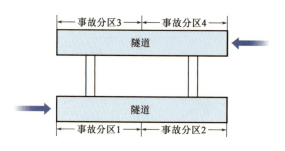

图 4.4-4　隧道事故分区划分

6）机电设备联动控制策略制定

联动控制主要思想是：基础是单元联动控制，辅助是区段联动控制的主导思想。单元联动控制坚持由内及邻的理念。区段控制坚持先近后远的理念。单元联动控制重点解决事故地点附近的逃生、救援、交通组织的问题，区段联动控制重点解决交通疏解的问题。根据交通事件地点，对沿线划分三个执行区：控制区、影响区、无影响区，分别采取不同的联动控制措施及策略。联动控制顺序为：单元监控子系统的各设备控制→单元监控系统联动控制→单元联动控制。

控制区和影响区有若干个单元（路段单元和隧道单元），根据交通事件的发生位置，单元联动控制的执行顺序为：

（1）当交通事件导致事件发生路段交通中断时。首先，执行对交通事件发生单元及对面线路单元的交通控制设施的控制；其次，执行对交通事件发生地点控制区内上游单元的交通控制设施的控制;再次,执行对交通事件发生地中非交通事件线路控制区内上游单元的交通控制设施的控制。最后,执行对影响区的交通控制设施的控制。

(2)当交通事件使非事件路线改为双向交通时。首先,执行对交通事件发生单元及对面线路单元的交通控制设施的控制;其次,执行对交通事件发生地中非交通事件线路控制区内上游单元的交通控制设施的控制。再次,执行对交通事件发生地点控制区内上游单元的交通控制设施的控制;最后,执行对影响区的交通控制设施的控制。

(3)区段联动控制。一旦发生交通事件,应首先对控制区内各单元监控系统进行控制,然后进行影响区内安全交通提醒,实现区段联动。区段联动控制的执行顺序为:

①当交通事件导致事件发生路段交通中断时。执行顺序:控制区→事件发生地上游影响区→事件发生地对向上游影响区。

②当交通事件使非事件路线改为双向交通时。执行顺序:控制区→事件发生地对向上游影响区→事件发生地上游影响区。

4.5 应急疏散决策技术

4.5.1 应急疏散决策技术概述

应急疏散决策技术旨在根据突发事件情景,针对不同道路区域,制定科学合理的应急疏散策略与方案,尽可能降低突发事件造成的影响,保障突发事件区域内人员与车辆运行安全。鉴于港珠澳大桥自身的一些特点,如:全线封闭、有出入口控制;疏散时可利用的辅助道路有限;出入口处易形成瓶颈;由于双向交通通过硬隔离严格分割,疏散过程中对向车道的利用率明显不足等,这些因素均给港珠澳大桥应急疏散交通组织带来困难,也在一定程度上限制了一些应急疏散方法的适用性,且现行应急交通疏散组织工作主要以行业经验为基础。因此,如何针对港珠澳大桥开展科学的应急疏散方法研究、加强先进技术及设备的应用,进而降低事故人员死亡率、减少经济损失、减轻交通拥堵,是港珠澳大桥实现智能化应急的关键。

4.5.2 应急疏散决策技术实施路径

应急疏散决策技术旨在通过道路感知数据,应急管理人员根据不同突发事件情景及影响区域制定应急疏散策略,通过道路安全设施及机电设备完成对突发事件影响区域内的驾驶员、车辆的疏散。博弈论、疏散动力学模型、马尔可夫过程、动态网络模型、贝叶斯网络模型等常用来对应急疏散决策进行建模,遗传算法、粒子群算法等启发式算法常作为应急疏散模型的求解算法。本节基于港珠澳大桥应急疏散研究叙述应急疏散技术的实施路径。首先分析应急疏散的主要任务,其次确定突发事件的影响范围,最后构建应急疏散模型。

1) 突发事件影响范围确定

由于突发事件严重与否会对该事故的影响范围大小产生重要影响,因此对突发事件影响范围进行研究的前提条件是先判断事故的严重程度。事故的严重程度可以推断出其影响范围,进而根据影响范围的大小制定出与之相对应的应急疏散策略,从管理者的角度确定该事故的空间发布范围,计算相应的拥堵排队长度,决定何时发布该应急策略。在此假设道路上存在两条相邻的区域,且两区域拥有不同的交通流密度(假设分别为 K_1 和 K_2,并假设其对应的波速分别为 v_1 和 v_2),如图 4.5-1 所示,垂直线 S 称为波阵面,假设 S 的速度为 v_{12} 并且规定图中 X 轴正方向为交通流方向。

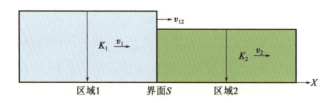

图 4.5-1　突发事件位置上游排队长度分析

交通波是由两种不同密度的交通流相遇而形成的,在交通波理论中,$v_{12}>0$,$v_{12}<0$ 分别表示交通波是向下游和上游进行传播。交通波现象是在遇到高速公路紧急事件道路瓶颈时,由于事故路段中离事故现场比较近的路段的交通流密度大于上游离事故现场比较远的交通流密度而形成的,所以交通波就会由事故现场向上游方向进行传递。当基本路段发生突发事件时,事故路段的车道就会

被事故车辆或救援车辆所占据,有时工作人员也会关闭相关的车道,因此会发生交通拥堵甚至交通延误情况,进而导致突发事件瓶颈处的实际通行能力大大降低。此时如果事故路段上游的车流量高于其瓶颈处的最大通行量,车辆行驶到瓶颈处时则需要降低速度甚至停车等待,所以产生高流量低速度的交通流拥堵现象,在这种情况下就形成了集结波。等到相关人员把事故处理完毕,对事故车辆进行清理后,对交通流进行疏散,上游的拥堵情况就会得到好转,事故路段的通行能力就会慢慢地恢复正常,这种情况下便形成了启动波,集结波和启动波相遇后就形成了消散波。

2)应急疏散模型构建

突发事件的应急疏散诱导模型的基础是最优控制理论中的最短路模型,即从所有应急疏散诱导方案中求解最优方案,最优化求解过程归纳为对受控的动力学系统或运动过程,最终实现系统的运动从初始状态转移到目标状态,并获得最优解。应急疏散决策建模通常根据预测结果和突发事件的具体情况以及可能的态势评估结果进行建模;其次,根据电子地图提供的信息确定疏散过程中道路网络交通流加载率;第三,确定突发事件的影响范围和相应的疏散范围;第四,基于路网数据设计分派交通疏散路径;最后,对以上内容进行分析和监测并实时调整应急交通疏散决策和方案。图4.5-2为港珠澳大桥应急疏散流程图。

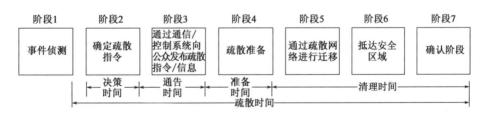

图4.5-2 港珠澳大桥应急疏散流程图

应急疏散的核心是当路网内发生突发事件时,基于当前的道路通行条件,在一定的时间范围内,将集结于突发事件受影响地区的待疏散车辆尽快疏散到安全区域。从最优化理论角度出发,按照一定准则,实现对路网交通流路径的分解与指派,最终实现路网车辆疏散的目的。进一步从动态网络流研究的视角出发,在突发事件受影响地区范围内,以车辆总疏散时间最小化为目标构建目标函数与约束条件,最后使用智能优化算法对模型求解。

4.6 应急处置方案动态高效执行技术

4.6.1 应急处置方案动态高效执行技术概述

在当前数字化、智能化背景下,应急活动参与者大多面临有方案,但难实施、难评估的双重困境。应急处置方案存在明显的时空演变机制,若在某一时空背景下,方案的某一步骤无法及时响应,则应急处置效果无法保证。现有应急处置方案大多由专家及一线处置人员编制而成,具备明显的静态、普适性等特征。面向更高的应急救援需求,应急处置方案应具备动态、可更新、可评估、专一性等特征。

应急处置方案动态高效执行技术是指将应急预案数字化、程序化,使用电子化的设备存储,同时,可根据突发事件特征及应急处置知识库动态生成应急处置方案,并根据不同应急救援人员角色进行一键下发。此外,针对突发事件时变、非线性特性,应急处置方案可根据突发事件不同时空背景进行实时调整与优化,最终可根据应急处置时空节点评估其有效性。大数据、人工智能技术的发展,为应急处置方案动态高效执行带来了契机。因此,根据时变的突发事件信息,实现应急处置方案动态高效执行,数字化、动态生成、一键下发、评估应急处置方案是港珠澳大桥智能化应急的关键技术之一。

4.6.2 应急处置方案动态高效执行技术实施路径

基于应急处置知识库构建关键技术,为了使得数字化应急处置方案在实际的港珠澳大桥突发事件应急处置过程中得到快速有效的应用,本书研究了基于应急知识库的港珠澳大桥突发事件应急处置方案动态高效执行方法。首先基于知识库构建技术数字化应急预案,并构建港珠澳大桥突发事件特征模型;其次建立突发事件信息与应急处置节点之间的匹配关系;最后构建应急处置方案与突发事件信息匹配模型,实现应急处置方案的自动化生成、一键下发与评估。图4.6-1为港珠澳大桥应急处置方案动态高效执行技术实施路径路线图。

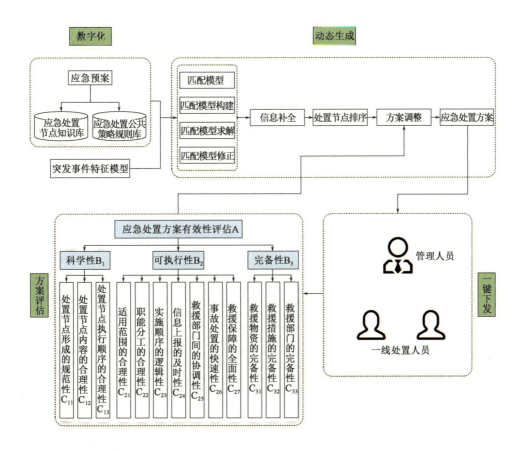

图 4.6-1 港珠澳大桥应急处置方案动态高效执行技术实施路径路线图

1) 突发事件特征模型研究

通过对收集到的高速公路突发事件应急预案、突发事件特征以及现有的突发事件应急处置案例进行分析,从事件、人、车、路和环境等维度来构建港珠澳大桥突发事件特征体系,描述港珠澳大桥突发事件。这些维度可以看作是突发事件的各个属性元素,突发事件是由以上属性元素组成的集合。

分别使用事件(Incident)、人(People)、车(Cars)、路(Road)、环境(Environment)、时间(Time)和其他(Others)来表示港珠澳大桥突发事件的各个属性元素,突发事件特征 Information 可以用下面的模型来表示:

$$E_{\text{Information}} = \{E_{\text{Incident}}, E_{\text{People}}, E_{\text{Cars}}, E_{\text{Road}}, E_{\text{Environment}}, E_{\text{Time}}, E_{\text{Others}}\} \quad (4.6\text{-}1)$$

其中,事件特征属性包括事件类型、事件等级、恢复时间、事件地点和经济损失;人属性包括死亡人数、受伤人数、被困人数和滞留人数;车属性包括事故车辆数和滞留车辆数;路属性包括事件发生路段类型和占用车道数;环境属性包括天气环境和路面环境;时间属性包括事件发生时间和事件发生时间段;其他属性包括是否有抛洒物,是否有路产损失。根据上诉属性构建突发事件特征体系,如图 4.6-2 所示。

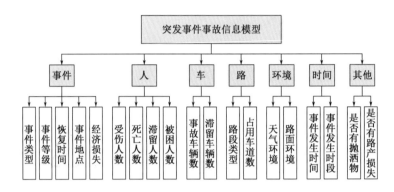

图 4.6-2　港珠澳大桥突发事件特征体系

2) 应急处置节点匹配属性及过程分析

(1) 匹配属性分析。

事件特征用于描述突发事件,与应急处置节点是完全不同的两类信息,事件信息和应急处置节点的匹配只能通过属性的匹配来实现。而它们所具备的属性并不是严格意义的一一对应的关系,只有部分属性用于匹配过程。在以下研究中,将只考虑事件信息属性和处置节点属性中用于实现匹配过程的属性类别。首先要对突发事件特征元素和应急处置节点元素之间的对应关系进行分析。经过分析可以明确在突发事件和应急处置节点匹配过程中,两者属性元素存在一对一(1↔1)和多对一(n↔1)的关系。

① 1↔1。

1↔1 表示突发事件特征元素属性和应急处置节点属性之间存在一一对应的关系,如图 4.6-3 所示,用不同的颜色来表示不同的属性,图中事件信息与应急处置节点 a,b 和 c 属性存在一一对应的关系。

在港珠澳大桥突发事件应急处置方面,突发事件特征属性和处置节点属性具体的 1↔1 关系如表 4.6-1 所示,为了方便匹配关系的描述,需对各个属性进行编号。

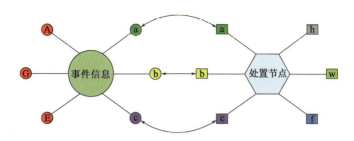

图 4.6-3　高速公路突发事件特征属性和处置节点属性 1↔1 关系示意图

突发事件特征属性和处置节点属性的 1↔1 关系　　表 4.6-1

突发事件特征属性	编号	应急处置节点属性	编号
事件类型	x_1^1	适用事件类型	y_1
路段类型	x_2^1	适用路段类型	y_2
天气环境	x_3^1	适用天气环境	y_3
事件事发时段	x_4^1	适用事件事发时段	y_4
滞留人数	x_5^1	是否有滞留人员	y_5
滞留车辆数	x_6^1	是否有滞留车辆	y_6
事故车辆数	x_7^1	是否有事故车辆	y_7
被困人数	x_8^1	是否有人员被困	y_8
抛洒物	x_9^1	是否有抛洒物	y_9
路产损失	x_{10}^1	是否有路产损失	y_{10}

② $n↔1$。

$n↔1$ 是指突发事件特征的多个属性联合起来共同匹配应急处置节点的一个属性,如图 4.6-4 所示,图中突发事件特性属性 a_1、a_2 和 a_3 共同匹配应急处置节点的 A 属性。

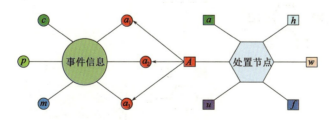

图 4.6-4　高速公路突发事件特征属性和处置节点属性 $n↔1$ 关系示意图

高速公路突发事件特征属性和处置节点属性具体的 $n↔1$ 关系见表 4.6-2。

突发事件特征属性和处置节点属性的 $n \leftrightarrow 1$ 关系　　　　表 4.6-2

突发事件特征属性	编号	应急处置节点属性	编号
受伤人数	x_{11}^1	适用事件等级	y_{11}
死亡人数	x_{11}^2		
经济损失	x_{11}^3		
恢复时间	x_{11}^4		

（2）匹配过程分析。

在图 4.6-5 中，中间的六边形代表事件特征，不同颜色的圆形代表事件特征的不同属性，四周的虚线圆代表处置节点，应急处置节点四周的矩形代表该节点的属性，圆柱代表匹配成功的应急处置节点集合。事件特征和应急处置节点匹配成功定义为：当事件特征属性和应急处置节点属性参与匹配的属性元素全部匹配成功时，则该处置要点成功匹配该突发事件。根据匹配成功的定义，图 4.6-5 中用对应位置的属性颜色相同表示匹配成功，对应位置的属性颜色不同表示匹配失败，图 4.6-5 中突发事件特征与处置节点 1、处置节点 4 和处置节点 5 匹配成功，成功匹配的处置要点被加入图 4.6-5 右下角的应急处置节点集合中。

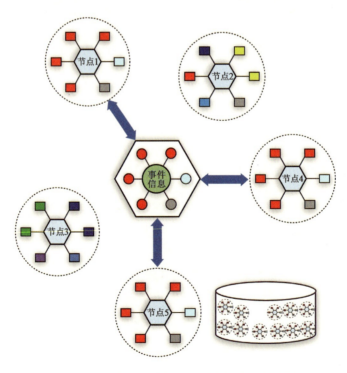

图 4.6-5　事件特征与处置节点的匹配示意图

突发事件应急处置方案是将所有匹配成功的应急处置要点经过信息补全、排序和调整之后形成一个完整的应急处置方案,指导各个应急救援单位进行突发事件应急处置,港珠澳大桥应急处置方案的生成流程如图4.6-6所示。

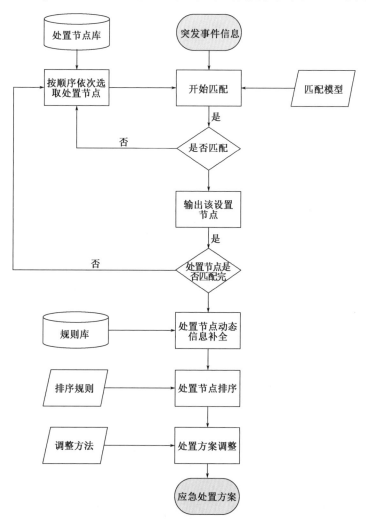

图4.6-6　港珠澳大桥突发事件应急处置方案生成流程

3) 应急处置节点匹配模型构建

设突发事件特征 $X=(x_1,x_2,x_3,\cdots,x_m)$,其中 $x_i=(x_i^1,x_i^2,x_i^3,\cdots,x_i^m)$,应急处置节点 $Y=(y_1,y_2,y_3,\cdots,y_n)$,基于K最近邻算法的思想,结合港珠澳大桥的实际情况构建了应急处置节点的一般匹配模型如下:

$$M(X,Y)=\sum_{i=1}^{n}w_iF_Y(y_i) \qquad (4.6\text{-}2)$$

$$F_y(y_i) = \sum_{j=1}^{m}\theta_j P(x_i^j, y_i) \qquad (4.6\text{-}3)$$

$$F_y(y_i) = \prod_{j=1}^{m}\theta_j P(x_i^j, y_i) \qquad (4.6\text{-}4)$$

式(4.6-2)~式(4.6-4)的参数定义如表 4.6-3 所示。

匹配模型参数 表 4.6-3

序号	参数名	参数解释
1	n	用于匹配的处置节点属性个数
2	y_i	处置节点 Y 属性对应的属性值($i=1,2,3,\cdots,n$)
3	x_i	事件特征 X 属性对应的属性值($i=1,2,3,\cdots,n$)
4	$P_Y(x_i^j, y_i)$	处置节点属性和事件特征属性匹配度 $[0 < P_Y(x_i, y_i) < 1]$
5	ε	匹配度阈值,$0 < \varepsilon < 1$,当 $P_Y(x_i, y_i) > \varepsilon$,匹配成功,反之匹配失败
6	w_i	处置节点属性 y_i 的权重,$\sum_{i=1}^{n} w_i = 1$
7	θ_i	事件特征属性 x_i 的权重,$\sum_{j=1}^{m} \theta_i = 1$
8	F	匹配结果的自定义函数

4)应急处置节点补全及排序

应急处置节点动态业务规范补全是指针对某些处置节点其业务维度是动态的,需要从规则库中匹配对应的规则,然后补全业务规范内容。比如路政的"警戒区设置"应急处置节点有警戒区划分范围、锥形桶摆放、限速标志摆放和车辆报警装置设置 4 个业务项目,这 4 个业务项目的业务内容都是动态的,需要结合实际的突发事件特征从警戒区划分规则、现场交通管控规则中匹配对应的内容进行补全。

为了实现动态的业务规范的补全,在设计规则库就考虑到了此需求,在规则库表的设计时,给每一个规则都进行了编号。为了区分应急处置节点的业务规范是动态还是静态,本书在应急处置节点实例化的过程中,对于动态的业务规范内容属性,将以"Rule + 规则编号"的形式进行填充。其中"Rule"作为规则的标识符,"规则编号"对应规则库中具体的规则。

基于上述分析,应急处置节点动态业务规范补全的具体流程如下:

步骤1：依次从匹配成功的应急处置节点集合中取出应急处置节点。

步骤2：判断其"业务规范"属性内容是否包含"Rule"动态标识符，若不包含，继续取出下一个应急处置节点，若包含则截取字符串中的规则编码。

步骤3：根据规则编码检索规则库中对应的规则实例，补全原有的属性，形成一个新的且完整的应急处置节点，并放入最终的应急处置节点集合中。

步骤4：判断是否遍历完所有的应急处置节点，若没有，则继续重复步骤1，若已遍历完，则完成补全过程。

5）应急处置方案调整

根据突发事件特征和处置节点的匹配算法，将所有匹配出的处置节点进行排序，并将它们整合成一个完整的应急处置方案。该方案能够有效地应对当前的突发事件。然而，为了更好地满足应急处置的需求，还需要对方案进行以下调整和完善：

（1）当同时匹配出多个不同的处置节点，而实际上只需要执行其中一个就可以满足需求时，可以将其他多余的处置节点从方案中剔除，以减少不必要的内容。

（2）当根据突发事故事件信息匹配出来的处置节点集中没有处置当前某个环节的处置节点，或者匹配出来的处置节点无法完成实际的应急处置目的时，需要现场应急人员和应急专家及时作出应变。

6）应急处置方案评估

针对应急处置方案评估，提出了一种基于层次分析法和模糊综合评价相结合的方法，如图4.6-7所示。从科学性、可执行性和完备性方面构建了评价指标体系，首先运用层次分析法确定指标权重，然后运用模糊综合法对指标进行因素评价。将用 A 表示目标层，用 B 表示准则层，用 C 表示方案层，从而构建应急处置方案有效性评价指标体系。

根据1~9尺度法，将某一层的指标相对上一层指标按照重要性程度两两比较，得到模糊矩阵，然后用幂法求矩阵的特征向量和特征值，并进行一致性检验。具体计算步骤如下。

步骤1：计算构建的判别矩阵的每一行乘积。

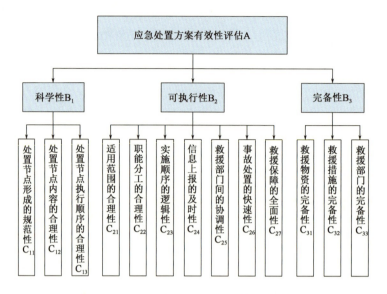

图 4.6-7　应急处置方案的有效性评估体系

$$M_i = \prod_{j=1}^{n} C_{ij}, (i = 1,2,3,\cdots,n) \quad (4.6\text{-}5)$$

步骤 2：计算每一个 M_i 的 n 次方根。

$$\overline{W} = [\overline{W}_1, \overline{W}_2, \overline{W}_3, \cdots, \overline{W}_i] \quad (4.6\text{-}6)$$

步骤 3：对向量 $\overline{W}$ 进行归一化处理。

$$W_i = \frac{\overline{W}_i}{\sum_{i=1}^{n} \overline{W}_i} \quad (4.6\text{-}7)$$

并求得特征向量 $W = [\overline{W}_1, \overline{W}_2, \cdots, \overline{W}_n]^T$。

步骤 4：对判断矩阵的最大特征根求解。

$$\lambda_{\max} = \frac{1}{n} \sum_{i=1}^{n} \frac{(AW)_i}{W_i} \quad (4.6\text{-}8)$$

步骤 5：最后进行一致性检验。根据层次分析法的相关理论，为了使层次分析法得到的结论合理可信，需要对构造的判别矩阵进行一致性检验，即判别矩阵的最大特征根是否稍大于矩阵阶数 n。需满足 CR<0.1，CR 的计算公式如下：

$$\mathrm{CR} = \mathrm{CI/RI} \quad (4.6\text{-}9)$$

式中，CI 为判别矩阵的一致性指标，CI = $(\lambda_{\max} - n)/(n-1)$；RI 为判别矩阵随机一致性指标，其取值如表 4.6-4 所示。

表4.6-4 一致性指标 RI 的值

判别矩阵阶数	1	2	3	4	5	6	7	8	9
RI 值	0.00	0.00	0.58	0.90	1.12	1.24	1.32	1.41	1.45

4.7 应急处置演练一体化技术

4.7.1 应急处置演练一体化技术概述

近年来,在智能化、信息化技术快速发展和大规模应用的同时,我国道路交通通行安全与效率总体上并未出现根本性好转。各大互联网公司的交通大脑产品,仍从各自技术优势出发,通过人工智能、大数据、边缘计算、云操作等先进技术,进行智能交通管理和控制系统的升级换代。然而在实际中,现有产品很难满足交通系统高效协同运行的需求,在一些突发性、应急性事件发生时,容易出现"大脑"瘫痪、失灵等状况。究其原因,应急状态下无法获取突发事件处置经验,未能解析突发事件背后的演化机制,不能精准推演突发事件演化过程,无法判定突发事件演化路径,人员培训无法做到日常化。如若不能对突发事件演化机理及路径开展精准推演,就很难实现有效干预,阻断突发事件影响的进一步扩大;同时,如果不能实现应急处置、演练、培训一体化,很难形成应急处置方案的自学习、自优化以及人员处置经验的日常积累。

应急处置演练一体化技术是指将应急处置、演练、培训融为一体,三者相辅相成,应急处置为演练提供应急案例库,应急演练为应急处置提供最优应急处置方案,应急培训则贯穿整个应急活动,提升应急人员应急处置水平。应急演练中的突发事件推演技术则是指在给定突发事件要素(包含人、车、路、环境等)组成条件下,通过数据计算、算法推导、模型推理、仿真演算等步骤,对真实世界中物理实体和智能实体对象的特征、行为、形成、演变过程等进行描述和建模,复现现有突发事件产生至消亡状况,随着时间的变化精确推算出突发事件各组成要素的状态指标,预先把握未来突发事件的运行状况。近年来,人工智能、大数据等数据驱动技术作为科技发展新引擎将极大程度深化人们对突发事件演化规律的全面理解,提高人们对突发事件未来演变状态的精准判断能力。未来交通与应急将是现实世界与虚拟世界的交会融合,通过获取现实世界中动态实时的事件数据,在虚拟世界里将其数字化、模型化,可以打通物理世界和云端数字孪生世界的壁垒,在虚拟世界中模拟、推演、优化并解决现实世界中遇到的应急管理问题,进而为现实世界提供最优应急处置方案。应急处置演练一体化技术是未来交通世界中进行应急管理重要的关键技术。

4.7.2 应急处置演练一体化技术实施路径

应急处置演练一体化技术旨在融合应急处置、应急演练与应急培训,应急处置为应急演练提供实体案例库;应急演练通过获取物理世界的突发事件及应急处置方案信息,将其抽象为离散要素,解析要素之间关联关系与耦合作用机理,构建要素演化规则,进而在虚拟世界中完成多类型、多要素的突发事件推演与演练,为物理世界应急处置提供决策支撑;应急培训则根据应急处置及应急演练中的关键环节凝练应急处置知识及经验。下文以港珠澳大桥隧道火灾为研究对象,叙述应急处置演练一体化技术实施路径。首先根据港珠澳大桥物理实体搭建1:1的三维仿真平台,将其作为港珠澳大桥物理实体的虚拟映射;其次将应急处置与三维仿真平台互联,在三维仿真平台中构建突发事件演化规则及人工干预推演规则,形成最优化的应急处置知识与方案;最后完成应急培训。图4.7-1为港珠澳大桥应急处置演练一体化技术关系图。

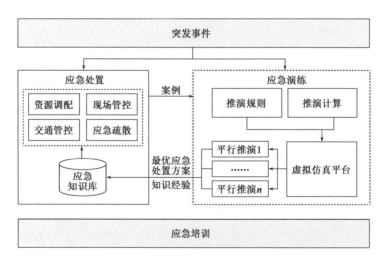

图4.7-1 港珠澳大桥应急处置演练一体化技术关系图

1) 虚实结合仿真平台搭建

根据港珠澳大桥动静态数据,包含基础设施数据,设备、人员动静态数据,交通流数据等,以 UNITY3D 为引擎,构建港珠澳大桥三维仿真平台,在全要素数字化的基础上,形成港珠澳大桥 1∶1 三维虚拟平台,完成港珠澳大桥物理实体的虚拟映射,确保港珠澳大桥物理实体与虚拟一致,图 4.7-2 为港珠澳大桥 1∶1 三维仿真平台示意图。

图 4.7-2　港珠澳大桥 1∶1 三维仿真平台示意图

2) 演化模型构建与演练方案自学习、自寻优

分析火灾演化机理是理解火灾发展态势和规律重要环节,也是制定公路隧道火灾推演案例的基础。采用火灾动力学模拟(FDS)软件对港珠澳大桥隧道火灾进行数值模拟,从时间和空间两个维度观测不同规模火灾工况下各要素的演化规律,然后结合真实燃烧实验的数据,构建燃烧模型来反映自然状态下车辆燃烧和烟雾扩散的演化机理。

在 FDS 中构建港珠澳大桥隧道模型,如图 4.7-3 所示。为了兼顾精确度和计算效率,采用非均匀网格划分方法来设置 FDS 网格,如图 4.7-4 所示。将整个隧道模型划分为三个连续的区域,火源前后 50m(共 100m)的区域使用较为精细的 0.2m 网格,以便于观察温度变化和烟雾扩散的详细情况,其余上游的 100m 和下游的 100m 区域采用相对粗糙的 0.4m 网格,以便提高计算效率。火灾要素选取温度、CO 浓度、能见度。

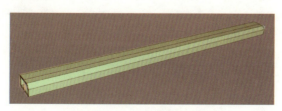

图 4.7-3　FDS 中隧道模型

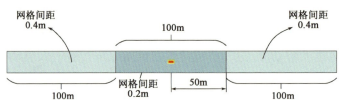

图 4.7-4 网格设置示意图

(1) 车辆燃烧模型构建。

隧道火灾的成因复杂多样,其中最常见的原因为车辆燃烧,燃油泄漏、电子系统故障、发动机过热、电池故障、高速碰撞等均可导致车辆起火。表 4.7-1 为车辆起火原因与燃烧因子 r 的对应表。

燃烧因子对应表　　　　　　　　表 4.7-1

序号	起火原因	r 值(时间 t 前的系数)
1	燃油泄漏+高温(257.2℃)	3
2	电子系统故障	1
3	发动机过热	1
4	混合动力车电池故障	1
5	高速碰撞	5.75

图 4.7-5 为车辆燃烧模型中各因素逻辑关系图,车辆燃烧后,驾驶舱内的温度和燃烧面积发生变化。同时,随着燃烧面积扩大,隧道环境中的能见度、CO 浓度、环境温度也会随之变化,导致隧道内的人员、车辆和其他设施受到影响。

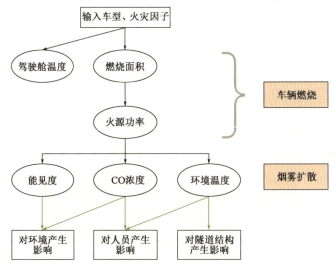

图 4.7-5 车辆燃烧模型中各因素逻辑关系图

将车辆分为轿车、客车、载有非易燃物的货车、载有易燃物的货车四大类,再根据车长或自重进行细分,共 18 类,如表 4.7-2 所示,其中 k 为温度系数,a 为燃烧面积系数。

表 4.7-2 车辆类型

车辆大类	依据	具体车型	k	a
轿车[车长 L(m)]	$L<3.7$	微型轿车	1.5	1.1
	$3.7 \leq L<4.3$	小型轿车	1	1
	$4.3 \leq L<4.6$	紧凑型轿车	0.97	0.98
	$4.6 \leq L<4.9$	中型轿车	0.92	0.96
	$4.9 \leq L<5.1$	中大型轿车	0.85	0.94
	$L \geq 5.1$	豪华轿车	0.8	0.92
客车[车长 L(m)]	$L<3.5$	微型客车	0.75	0.9
	$3.5 \leq L<7$	轻型客车	0.7	0.88
	$7 \leq L<10$	中型客车	0.6	0.86
	$L \geq 10$	大型或特大型客车	0.5	0.84
载有非易燃物的货车[自重 GA(t)]	$GA<1.8$	微型货车	2	2
	$1.8 \leq GA<6$	轻型货车	2.1	0.83
	$6 \leq GA<14$	中型货车	2.4	0.8
	$GA \geq 14$	重型货车	2.6	0.75
载有易燃物的货车[自重 GA(t)]	$GA<1.8$	微型货车	3	6
	$1.8 \leq GA<6$	轻型货车	3.8	5
	$6 \leq GA<14$	中型货车	4.5	4
	$GA \geq 14$	重型货车	5	3

①车辆燃烧面积。

参考之前的研究,发动机起火引发车辆自燃,其火灾燃烧蔓延过程如图 4.7-6 所示。

整理出燃烧面积的百分比如表 4.7-3 所示。

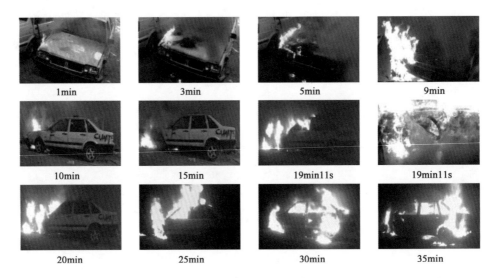

图 4.7-6　文献中车辆燃烧时刻图

燃烧面积时刻表　　表 4.7-3

时间(s)	60	180	300	540	600	900	1140	1200	1500	1800	2100
燃烧面积(%)	2	5	10	30	35	60	82	90	95	100	100

采用 Gaussian 过程回归的方法,得到燃烧面积演化关系式(4.7-1),相关系数 R-square 为 0.9997。

$$\begin{cases} SP = a\left[105.2e^{-\left(\frac{t-2376}{1033}\right)^2} + 58.37e^{-\left(\frac{t-1174}{658.2}\right)^2}\right], 0 < rt < 1749 \\ SP = 100, rt \geq 1749 \end{cases} \quad (4.7\text{-}1)$$

式中,SP 为燃烧面积百分比(%);a 为燃烧面积系数;r 为燃烧因子;t 为演化时间,单位是 s。

②驾驶舱温度。

根据数值模拟数据以及结论"火区温度最高稳定在 800℃",采用正弦函数拟合法,得到驾驶舱即火区温度演化关系式(4.7-2),相关系数 R-square 为 0.7019。

$$\begin{cases} T = k\left[871.3\sin\left(\frac{0.001957rt}{3} - 0.4278\right) + 1301\sin\left(\frac{0.004782rt}{3} - 0.1673\right) + \\ \quad 1000\sin\left(\frac{0.005227rt}{3} + 2.519\right)\right] \\ 20 \leq T \leq 800 \end{cases}$$

$$(4.7\text{-}2)$$

式中,T 为驾驶舱温度,单位是 ℃;k 为温度系数。

③火源功率。

火源功率与燃烧面积有关。采用对数拟合的方法,得到火源功率演化关系式(4.7-3),相关系数 R-square 为 0.8097。

$$P_f = 0.04005k \left(16.42896a \cdot \ln \frac{SP}{0.9009} + 42.0339\right) \quad (4.7\text{-}3)$$

式中,P_f 表示火源功率,单位是 MW。

(2)烟雾扩散模型构建。

①CO 浓度。

CO 浓度主要由火源功率和与火源中心的距离决定,采用三角函数拟合法和指数函数拟合法,得到 CO 浓度演化关系式(4.7-4),相关系数 R-square 为 0.8064。

$$c_{\text{coppm}} = 9.04 \times 10^{-5} - 2.923 \times 10^{-5} \times \sin(0.5427\pi P_f L) + 0.002607 \times e^{-(1.134L)^2} \quad (4.7\text{-}4)$$

式中,c_{coppm} 表示 CO 浓度,单位是 ppm,即 10^{-6} mol/mol;L 表示与火源中心的距离,单位是 m。

②能见度。

能见度主要由火源功率和与火源中心的距离决定,采用多元函数拟合法,得到能见度演化关系式(4.7-5),相关系数 R-square 为 0.9620。

$$L_f = 2.14 + 0.0036L + 9.3636 \times 10^{-6} \times L^2 - 0.178 P_f - 1.6758 \times 10^{-4} \times L \times P_f \quad (4.7\text{-}5)$$

式中,L_f 表示能见度,单位是 m。

③环境温度。

在通风失效的情况下,上下游温度呈对称分布。以下游为例,以 10m 为界线将隧道分为两部分,得到环境温度演化关系式(4.7-6),相关系数 R-square 为 0.8511。

$$\begin{cases} T_{\text{env}} = \begin{cases} T - 4.724L, 0 \leq L < 10\text{m} \\ T - 0.775L, L \geq 10\text{m} \end{cases} \\ T_{\text{env}} \geq 20 \end{cases} \quad (4.7\text{-}6)$$

式中,T_{env} 表示隧道内的环境温度,单位是 ℃。

(3)突发事件推演及方案自学习、自寻优。

完成以上推演规则构建后,给定突发事件初始状态信息,突发事件即可在三维仿真平台中完成演化,同时,根据不同的应急处置方案,可推演突发事件从产生至消亡的全部过程,根据灾损评估模型,可计算不同应急处置方案的有效性,推演模型可根据不同的应急处置方案给出灾损结果,进一步的,推演模型可同时演练多种应急处置方案,通过迭代、自学习、自寻优算法获取当前突发事件情景下的最优应急处置方案,形成突发事件-最优应急处置方案的对应关系及对应案例库,并记录下事件演化及应急人员处置的全过程,实现应急、推演全过程的记录与回溯。在真实突发事件发生时,即可根据常态化的演练案例库获取最优应急处置方案,提升应急决策科学性与合理性。

3) 应急培训考核

应急培训考核可以提升应急人员应急处置水平,在应急处置与演练过程中,会形成诸多应急处置知识与经验,通过应急处置与演练,借助AR、VR等设备,应急人员在港珠澳大桥三维场景中完成突发事件的应急处置,不断提升应急处置经验与水平,同时可解决物理世界突发事件应急处置的试错成本高、应急人员应急知识不完备等问题。此外,根据常态化的应急演练与应急处置案例,凝练形成应急处置题库,通过题库考题测评,不断考核应急人员应急处置知识,提升应急队伍建设水平,实现应急队伍"量少而精",切实提高各级各部门指挥决策和协同联动能力,保证突发事件发生后的快速救援。

4.8 本章小结

港珠澳大桥智能化应急技术从提升"救"的本职能力入手,以切实提高应急处置能力为原则,以暴露问题、发现问题、解决问题为导向,以"假戏真做,真戏会做"为目标,建立实战应急、桌面与实战演练、培训相结合的处置、演练、培训一体化应急理念与模式,建立多灾种、全链条、多要素的突发事件管理、响应、处置、恢复决策程序,不断完善应急处置方案,提升应急人员本质水平,保证突发事件的快速救援,进而推动港珠澳大桥智能化应急朝着决策科学、合理的方向迈进,形成智能化应急新标杆。

本章参考文献

[1] 李欣.应急案例知识库系统及其应用关键技术研究[D].郑州:解放军信息工程大学,2010.

[2] 倪慧荟,吴园涛,石彪.应急准备知识库系统设计与实现——以演练方案为例[J].中国安全生产科学技术,2019,15(10):120-126.

[3] 孙晓军,田万利,吴忠广,等.跨海大桥项目建设期应急资源配置研究[J].交通世界,2022(20):35-38.

[4] 栾偲良.情景驱动下高速公路应急资源配置与调度方法研究[D].长春:吉林大学,2022.

[5] 许万荣.高速公路网典型事件应急资源配置模型研究[D].西安:长安大学,2020.

[6] ZHANG B, WEI Z. Modeling and Simulation of Emergency Resource Allocation Process Based on Generalized Stochastic Petri Net[J]. Mobile Information Systems,2022.

[7] 贾兴利,李双庆,杨宏志,等.基于ATT-LSTM模型的高速公路交通事件持续时长预测[J].交通信息与安全,2022,40(05):61-69.

[8] 杨弘卿.山区高速桥隧群突发事件应急管控技术研究[D].北京:北京工业大学,2019.

[9] 赵朋.面向高速公路突发事件应急处置的管理关键技术研究[D].西安:长安大学,2019.

[10] ZHU G, SUN R, FAN J, et al. Coupling Effect and Chain Evolution of Urban Rail Transit Emergencies[J]. IEEE Transactions on Intelligent Transportation Systems,2023.

[11] CHEN C, YANG Y, WANG M, et al. Characterization and Evolution of Emergency Scenarios Using Hybrid Petri Net[J]. Process Safety and Environmental Protection,2018,114:133-142.

第 5 章

港珠澳大桥智能化应急系统设计与实现

本章首先从宏观层面阐述了港珠澳大桥智能化应急系统设计思路与架构；其次讲解了系统构成与实现，主要包括应急处置知识库、应急处置系统、应急资源管理系统、应急单兵系统、平行推演系统；随后以社会车辆道路交通事故为例进行系统案例实施描述；最后引出系统的应用展望与推广建议。

5.1 港珠澳大桥智能化应急系统设计思路与架构

5.1.1 港珠澳大桥智能化应急系统设计思路

针对港珠澳大桥的智能运维，结合国内、国际应急处置技术的现状，在"一案三制"框架和大桥管理局综合应急预案的流程框架下，通过5G通信系统、云联网、人工智能、北斗定位等技术的应用，加强应急处置的数字化、一体化、智能化能力，实现快速、正确、准确的应急处置。具体设计思路如下。

1) 应急体系总体策略

港珠澳大桥智能化应急系统常态性地开展应急巡检工作，确保应急设施、设备以及人员的备用状态良好，通过日常营运系统数据实时监测、评估大桥运行状态，遭遇应急事件，触发应急处置流程。

与演练培训系统孪生运行，专业的应急人员针对港珠澳大桥前期工作所确定的大桥上可能发生的14类突发事件，建立风险矩阵，在演练系统中设定场景和变化过程，按照事件频次由大到小、事件危害由大到小、事件影响由大到小，事件级别由高到低的顺序，以及按照先流程后细节的业务逻辑，开展应急处置知识库和作业规则的建立工作。实现演练系统与实际处置系统的一体化运行。重点加强应急处置"关键少数"岗位的人才建设，在"关键少数"的主导下，通过虚拟演练和定向培训使应急能力"效用放大"，在提高应急处置能力的同时，降低应急处置能力提升的成本。

2) 全面数字化应急处置体系

高效率的应急处置体系，首先要建立运行系统的数字化模型，并实质上实现实体与模型的孪生映射，在此基础上，才能够形成快速反应的应急系统。数字化主要包括以下方面：

(1) 路、桥、岛、隧基础交通设施的数字化。

(2) 收费站、服务区、观景区等服务设施的数字化。

(3) 交通系统运行自然环境的数字化。

(4) 动态交通流的数字化。

(5) 外场管理、作业人员活动的数字化。

港珠澳大桥智能运维项目通过实施结构数据模型、机电系统、交通流辨识与建模系统，实现路、桥、隧、岛、人员、设备、车辆、气象环境感知一体的数字化体系，进一步达到设施数字化、运行数字化、调度指令数字化、全流程管理、处置演练一体化的目标。通过数字化提升对交通异常事件的感知深度、敏感度，通过通信网络形成人、车、路、设备的互联和云控制，形成感知、判断、决策、执行、反馈、优化的应急处置闭环。

3) 人机混合调度指挥

"一案三制"是应急体系的基本架构，在该架构下，各行业领域建立应急处置的流程，根据突发事件的具体情况，通过会商等方式，确定具体的应急方案。在实现高水平的数字化体系之前，应急调度指挥主要是发挥领导以及专家的工作、知识经验，快速采取有效措施。应急调度指挥过程，以人的主观经验为主，过程组织和状态判断主要依靠人工完成，指挥调度的工作量大。

港珠澳大桥建设期间，已经建成了相对完备的机电系统，其中具有"动作能力"的设备系统（如照明系统、风机系统、车道指示系统、可变信息标志以及可变限速标志、消防系统）均在实际运行过程中发挥着重要作用。

在应急状态下，人的作业与机电系统共同形成了"作业系统"，而这两者之间是需要统一协作的。当工作人员在路面上施工作业时，其相关的车道指示系统、可变信息标志、限速标志以及闪光报警器的设备应根据作业安全规定，自动改变状态，对施工区域形成"警戒围栏"，直至施工完成或者调整。而工作人员也要确保在"警戒围栏"形成后，才开始施工作业。

调度指挥系统对人的活动、交通管控设备等进行统筹，还通过调度指挥中心远程控制无人设备强化对现场事态、演变的观测，灵活地从多个空间角度采集现场不同放大倍数的视频，补充现场信息以满足应急处置决策的需要。

使人的作业与机电系统设备的能力整合为一个整体,进行统一综合调度,可提高应急作业的效率和安全性。

4)人工智能应用

近些年信息技术(IT)以及人工智能技术取得了快速的发展。3D 技术、5G 技术、结构数据模型技术、智能手机终端、云计算与存储技术以及物联网通信技术能很好地解决设施数字化以及"万物互联"的问题。人工智能技术可用于分类辨识以及智能决策,典型的应用是人脸识别和阿尔法围棋,均取得了空前的成功。在港珠澳大桥智能运维的应急处置业务中,系统人工智能主要解决以下问题:

(1)状态判断:由人工智能算法判断设施、设备、环境的状态,为处置决策提供基本支持,如当前的桥梁服役状态、交通状态及覆盖范围、行人、闯入车辆逆行等情况。

(2)态势预测:基于当前状态,预测短期和中期的发展态势,如气象环境变化及持续时间、交通流的拥挤程度、排队长度等。

(3)处置决策:在现有交通环境、设备设施服役状态、交通流状态及其预测的基础上,通过知识图谱配置救援资源、规划救援路径、评估救援实施效果、预测救援进度、预测事件演变趋势等。

建立应急处置知识库模型,包含人、车、行驶环境、交通设施、服务设施等要素专门的知识库以及要素之间相互作用的知识库。通过实例分析、数字化演练和一定量的实体演练丰富知识库的内容,提炼通用应急知识的推理规则、应用规则,并将知识推理、知识图谱与神经网络算法融合,完善人工智能算法,提升应急指挥决策的科学性。

使用人工智能的主要价值,是在短时间内,在考虑多种因素及跨专业知识的复杂决策系统中,快速融合应急知识,快速有效地形成应急处置方案。

5)基于知识链的调度指挥交互

针对调度指挥过程中的操作需求,在较大范围内展开"观察""判断""指挥""资源搜索""执行过程监督"等操作,并要保持操作的协同性,业务系统专门设计使用"一机多屏"的交互方式,并在场景之间,在事件、救援、设施、环境、任务、指令等相互影响的要素变化之间建立知识链关联,在状态变化时主动提示,提高了应急指挥场景下交互的效率。

在交互色彩方面,从应急处置对人员"冷静""理性""严肃""专注""敏感""快速"等工作场景需要出发,依据美学及色彩渲染表达规律,对观测、调度等环节的视觉需求进行系统分析并调整,取得了良好效果。一机三屏交互模式如图5.1-1所示。

图 5.1-1　一机三屏交互模式

6) 应急处置常态化,处置与演练一体化

将对应急资源的管理纳入日常工作,进行定期分类分级的巡查、检测,及时维修、填补,确保其在应急时能正常运行、使用。保证应急处置系统与路产、养护巡查系统的数据交互,确保应急处置系统可以实时获取路产的信息和状态。

通过数字孪生技术,建立应急处置推演、研究、学习的整体模型,实现学习与应用一体化、演练与处置一体化。建立与港珠澳大桥一致的路、桥、岛、隧三维模型,机电设备三维模型,路政人员、车辆、设备的三维模型,养护人员、车辆、设备的三维模型,应急人员、车辆、设备的三维模型,外部医护、公安交警、检疫部门的人员、车辆、设备的三维模型,在三维系统中推演、研究应急处置过程并优化,将获得的知识、经验同步到实际应急处置系统。

处置与演练的一体化,能够使专业人员对港珠澳大桥上可能发生的小概率事件进行防御性的思考研究,通过三维系统低成本、全方位、深度逻辑地推算事故、事件发展变化趋势,以期能够熟练应对突发情况。

5.1.2　港珠澳大桥智能化应急系统总体架构设计

营运管理智联平台(以下简称"智联平台")是港珠澳大桥交通管理体系的核心组成部分,主要负责整个大桥的营运管理、养护管理和交通安全管理。该平台的目标是实现大桥交通的高效、安全和便捷营运,为大桥的管理和营运提供全面的支持和保障。港珠澳大桥应急系统总体架构设计如图5.1-2所示。

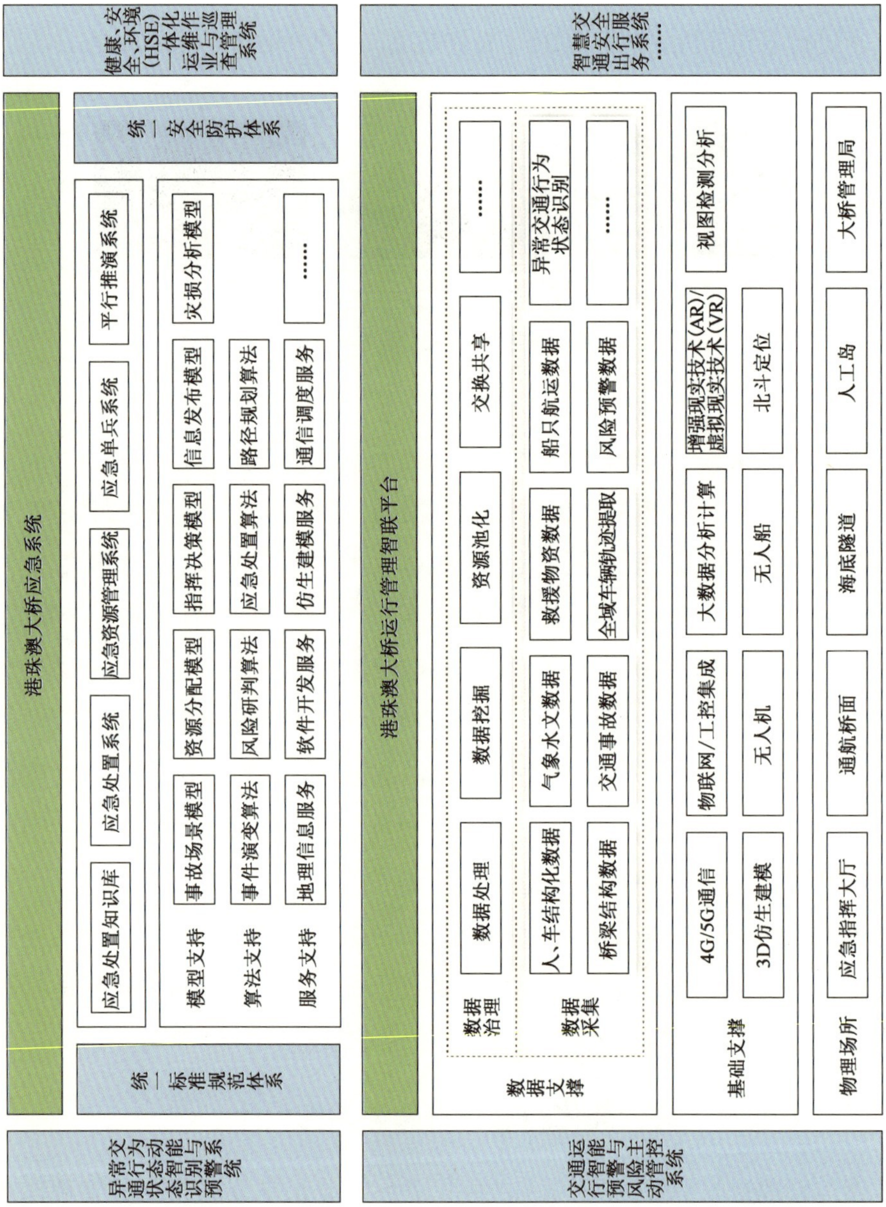

图5.1-2 港珠澳大桥应急系统总体架构设计图

智联平台采用了先进的信息技术和智能化设备,具备强大的数据采集、处理和分析能力。它能够实时监测大桥的交通情况、设施运行状态和安全状况,并及时作出反应和处理。同时,智联平台还与公安、交通运输、应急管理等部门建立了信息共享和协同机制,实现了大桥交通管理的全面智能化和信息化。

智联平台的核心是一个数据中心,用以收集和分析大桥的各项数据。这些数据包括交通流量、车速、道路状况、气象信息等,可以为大桥的营运和管理提供重要的参考和支持。同时,智联平台还通过智能化设备和传感器对大桥的设施进行远程监控和智能化维护,大大提高了大桥的营运效率和养护水平。

在安全管理方面,智联平台具备强大的安全预警和应急响应功能。它能够及时发现和处理各种安全隐患和突发事件,确保大桥的安全和稳定营运。此外,智联平台还提供了一套完整的应急预案,能够在突发事件发生时进行快速、有效地响应和处理。应急处置流程如图 5.1-3 所示。

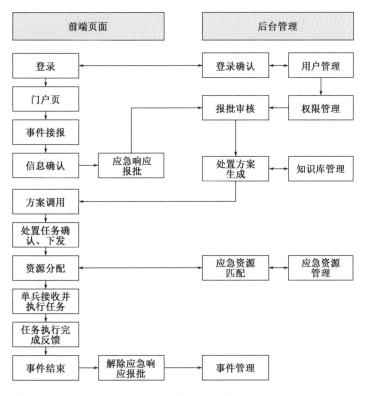

图 5.1-3　应急处置流程图

智联平台的管理模式是集中式管理,即所有的数据和信息都会汇总到同一个数据中心进行处理和分析。这种管理模式可以大大提高管理效率,减少信息传递的中间环节,降低管理成本。同时,智联平台还提供了一个可视化界面,使得管理者可以更加直观地了解大桥的营运情况,提高了管理的透明度和效率。

智联平台汇聚数据集,对接应急系统、异常交通行为状态动态智能识别与预警系统、交通运行智能预警与风险主动管控系统、HSE 一体化运维作业与巡查管理系统、智慧交通安全出行服务系统等子系统;各子系统之间通过智联平台进行数据对接调用。

智联平台基础支撑主要包括 4G/5G 通信、物联网/工控集成、大数据分析计算、AR/VR、视图检测分析、3D 仿生建模、无人机、无人船、北斗定位。

智联平台数据支撑包括数据采集和数据治理两个层面。数据采集主要采集人、车结构化数据,气象水文数据,救援物资数据,船只航运数据,异常交通行为状态识别数据,桥梁结构数据,交通事故数据,全域车辆轨迹提取数据,风险预警数据;数据治理包括数据处理、数据挖掘、资源池化、交换共享等。

应急系统支持涉及服务支持、算法支持、模型支持三方面。服务支持包含地理信息服务、软件开发服务、仿生建模服务、通信调度服务等;算法支持包含事件演变算法、风险研判算法、应急处置算法、路径规划算法;模型支持包含事故场景模型、资源分配模型、指挥决策模型、信息发布模型、灾损分析模型。

应急系统构成包括应急处置知识库、应急处置系统、应急资源管理系统、应急单兵系统、平行推演系统。

前端页面的业务模块作为业务起始点,首先需要进行账号密码校验登录,登录页面后,会进入应急管理系统的门户页面,其中包含应急处置系统、应急资源管理系统、应急培训系统、应急演练系统,点击即可选择进入。

进入应急系统后,监控员通过事件接报接口可接收到监测系统报送的应急事件信息,在接到事件告警后,对事件各项信息进行确认并补充填写,完成信息确认后,点击提交按钮,信息向应急响应审核模块传递,由相关负责人进行审批,启动应急响应。启动响应的同时,后台根据填报的事件信息,调取知识库存储的事件处置方法数据生成当前事件综合处置方案。方案生成后经指挥员确认,现场管控监控员操作调用,对方案中包含的各个处置任务进行下发,资源管控监控员调用物资自动匹配接口,自动匹配当前空闲人员,完成应急资源调度。

任务下发至单兵系统后,单兵对任务进行确认,后续记录任务各个节点的数据,单兵可以与应急系统进行交互,实时反馈现场数据,任务处置完成后,经指挥员确认、审批,解除应急响应,将事件处置过程中各个时间节点的数据进行输出,生成事件处置报告、应急处置复盘信息,供事件总结复盘使用。

5.2 港珠澳大桥智能化应急系统构成与实现

5.2.1 应急处置知识库

应急处置知识库总体分为要素库、规则经验库、实例库三个部分。要素库主要列举和分析应急处置中的所有要素;规则经验库提供应急处置中的规则和处置流程;实例库根据要素库和规则经验库提供的内容将事件实例化。三部分紧密相连,相互补充,相互辅助,如图 5.2-1 所示。

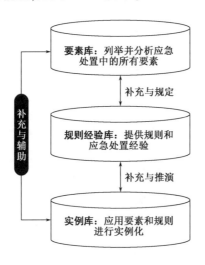

图 5.2-1　知识库内部关联

1) 应急处置知识库构建思路

(1) 要素库构建思路。

通过对交通系统进行分析,从人员、车辆、环境以及其他非实体事物等方面对交通系统进行了全面的解析,从而构建出包含各类静态、动态关键属性的要素库,为应急系统的开发以及平行虚拟系统的建设提供基础。

要素库,包含应急处置的全部要素,由人、车、环境、应急设施及物资构成。

人,既可以作为某种角色,又可以组成某个组织。在本要素库中,列举并分析了 16 种角色、39 种组织,他们都是与应急处置紧密相关的要素。

车辆,不仅指交通事故中的主体,还有许多抗灾专用车辆。在本要素库中,列举并分析了 14 种专用车辆。

环境,是事故中不可缺少的因素。在本要素库中,列举分析了 9 种环境要素,并对空间单元进行详细的划分和分析。

应急设施及物资,是应急处置的必需品。本要素库中列举了 10 种应急设施和 25 种应急物资。要素库关联如图 5.2-2 所示。

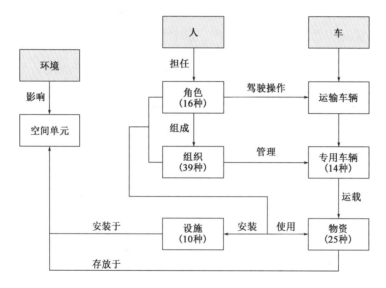

图 5.2-2　要素库关联

另外,从突发事件的角度看,人可以扮演灾害体、承灾体、抗灾体的角色,如交通事故肇事者是灾害体;伤员是承灾体;交警、医生、消防员在应急处置救援中是抗灾体。车辆可以扮演灾害体、承灾体、抗灾体的角色,如爆炸油罐车辆是灾害体;交通事故中被撞车辆是承灾体;应急救援中警车、救护车、消防车等是抗灾体。环境通常扮演灾害体、承灾体的角色,台风、暴雨、大雾、暴雪、泥石流等自然环境是灾害体;暴雨引发山体滑坡,此时山体环境作为承灾体角色。应急设施及物资扮演抗灾体的角色,如防撞锥桶、车辆指示器、消防水枪、风机在应急处置中作为抗灾体。

(2)规则经验库构建思路。

规则经验库构建思路如图 5.2-3 所示,参考综合应急预案、文献资料和行业专家的指导与建议,细化任务分配和资源配置,将 14 类事件的处置流程标准化,构建了不同事件类型的应急处置规则经验库。分析了构成不同类型突发事件的主要致灾因子和受灾因素,根据每类灾害体的演化特征及灾情触发条件,将应急处置过程分解成各种不同类型的任务,通过对任务的执行主体及所需物资的科学配置,形成了针对每项任务的处置规则和经验知识。

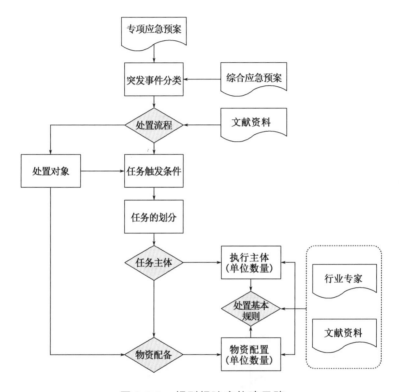

图 5.2-3 规则经验库构建思路

其中,规则经验库的框架结构如图 5.2-4 所示。

(3)实例库构建思路。

通过对历史突发事件应急处置过程的分析,并结合要素库和规则经验库,构建出以港珠澳大桥为应用场景的应急处置实例库。从突发事件灾害体的演化、交通流的演化以及应急处置动作的推进三条线程,详细表现了灾害体、承灾体与抗灾体的各种因素之间的交互作用。实例库的构建为智能决策系统的学习以及应急演练提供样本和素材。

处置对象	触发条件	任务		突发事件应急处置经验			物资配置		处置基本规则	备注
				处置主体配置						
		任务名	任务对象	责任主体	执行主体及辅助力量	任务配置	物品	单位数量	装备方式	
					名称	单位数量					
报警信息	输入	接警警情确认		监控中心						
事件信息	警情确认	警情上报		监控中心						
突发事件	等级确认	启动应急响应		调度中心						
交通流	管控方案确定	交通管控		交警						
事件现场	现场确认	现场控制		交警、公安						
人员	无关人员受灾人员	疏散救助控制		应急救援队						
车辆	无关车辆受灾车辆危险车辆	疏导分流清理控制		应急救援队						
事件现场		现场清理		清障、养护						
交通流	现场清理完毕	解除管制		交警						
事件信息		新闻发布		主管新闻发布部门						

图 5.2-4 规则经验库框架

实例库构建思路图如图 5.2-5 所示,给出具体时间和地点,根据规则经验库给出的规范流程,参考港珠澳大桥的实际情况,对规则经验库中的事件进行实例化,完成整个处置流程。

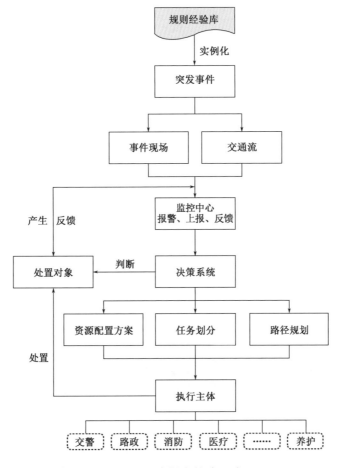

图 5.2-5　实例库构建思路

实例库的框架结构如图 5.2-6 所示。

2) 知识库总体结构

应急处置知识库总体包括要素库、规则经验库、实例库三部分,如图 5.2-7 所示。要素库包括人、车、环境、应急设施及物资,每部分根据实际业务需求进行了分类设置。规则经验库主要包括突发事件分类分级规则、14 类突发事件的应急处置经验、应急救援路径规划知识库。实例库主要是 14 类突发事件实例化模型构建。

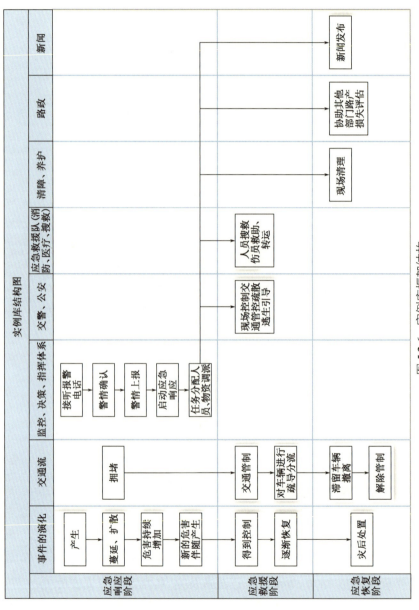

图 5.2-6 实例库框架结构

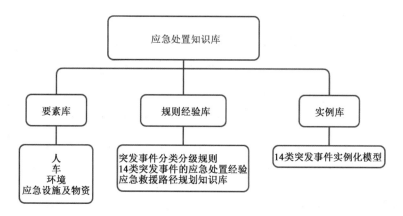

图 5.2-7　知识库总体结构

5.2.2　应急处置系统

应急处置系统是提供服务于 14 类突发事件灾情侦测、现场疏散管控、救援资源调度、交通管控、灾害控制、应急复通于一体的全链条人机协同应急处置技术体系，实现"科学决策、快速响应、全面调度，指令细化、精准疏散、快速处置"，减少人员伤亡和财产损失，及时复通。

1）系统技术架构

本系统技术架构如图 5.2-8 所示，主要分四层描述：①基础服务；②存储层；③服务层；④应用层。其中基础服务描述系统运行所需要的基础服务建设和设置，包括状态检测、视频服务、外场设备等，为系统搭建提供支撑。存储层描述系统所采用的数据存储方式，包括关系型数据存储采用 MySQL，缓存存储采用 Redis，视频存储采用 IP SAN 等。服务层描述系统所采用的服务组件及类型，包括部署服务采用 Tomcat，推送服务可选 Mpush 或 Websocket，业务组件采用 Ehcache、Jms、Redis、Nginx 等。数据接口采用 WebService、RESTful、Websocket。应用层描述系统应用采用的核心技术栈，如 Angular、Ireport、LiveChart、FFmpeg 等。

2）功能实现

（1）现场管控模块（图 5.2-9）。

该模块主要负责应急处置现场的处置工作、人员疏散，以及救援环境的保障。应急处置的所有现场任务和需求均由该模块发起，该模块必须与资源管控模块配合使用，否则系统无法有效运行。

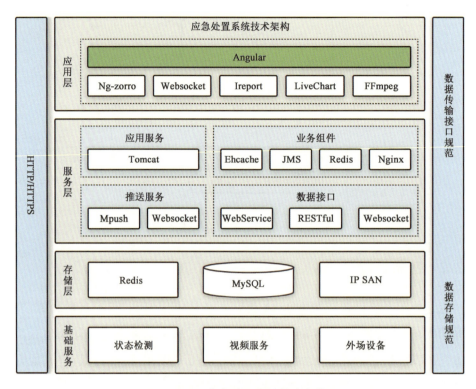

图 5.2-8　应急处置系统技术架构

图 5.2-9　现场管控模块

现场管控模块主要功能如下：

①查看监控系统采集的信息、现场回传的信息，并根据采集的信息进行事件确认、续报、上报。操作人员需要定期查看监控系统采集的视频信息、传感器数据、报警信息等。这些信息是了解现场情况的重要依据，可以帮助操作人员及时

发现异常情况,并做出相应的应急反应。除了定期查看之外,操作人员还需要关注监控系统的实时数据。实时数据可以反映现场的最新情况,操作人员可以根据这些数据及时调整应急方案和任务执行方案。根据监控系统采集的信息,操作人员需要进行事件确认,即判断是否发生了应急事件。事件确认需要结合监控视频、传感器数据和报警信息等多方面的信息进行综合判断。确认发生了应急事件后,操作人员需要及时进行续报,向上级部门报告事件的具体情况。需要协调更多的资源或制定更详细的应急方案时,操作人员还需要及时向上级部门上报事件的最新情况。

②制定、执行现场应急处置任务。任务包括作业地点和作业目标,不指定由谁来执行该项任务。根据现场的情况和应急方案的要求,操作人员需要制定相应的应急处置任务。任务需要明确作业地点和作业目标,但是不指定由谁来执行该项任务。这样可以充分发挥现场人员的主动性和协作能力,共同完成应急处置任务。针对每项应急处置任务,操作人员需要制定相应的执行方案。方案需要明确任务的执行步骤、操作流程和注意事项等,以确保任务能够顺利完成。操作人员需要根据任务的需要在现场协调相应的执行人员。可以调动现场的工作人员,确保有足够的人员来执行应急处置任务。

③监控以及确认现场应急方案实施效果、各项应急处置任务执行情况。在紧急情况发生时,根据应急预案的要求,及时启动应急响应,组织相关人员和资源进行处置。同时,对应急方案的实施效果进行跟踪和评估,及时调整和优化应急方案,确保其适应不同情况下的应急处置需求。在应急处置过程中,对各项应急任务执行情况进行监控和确认,确保各项任务按照应急预案的要求进行。对于执行不力的任务,及时进行调整和优化,保证应急处置的顺利进行。

④优化现场应急方案并执行。在紧急情况发生时,对应急预案进行评估,分析其适用性和可行性。对于不适应实际情况的预案,及时进行调整和优化,确保其能够有效地指导应急处置。根据评估结果,对应急预案进行调整,优化处置流程和资源分配。例如,根据大桥实际情况,重新安排交通流量,疏散人群,调配救援资源等。将调整后的应急预案付诸实施,组织相关人员和资源进行应急处置。在这个过程中,需要确保各项任务按照预案的要求进行,对应急任务的执行情况进行监控和确认。

(2)资源管控模块(图5.2-10)。

该模块主要负责应急处置所需资源(人员、车辆、设备物资)的调度,需要与现场管控模块配合使用。该模块接收现场管控模块发出的各项处置任务,根据执行方案内容来配置执行方案所需的人员、车辆,以及设备物资。

图5.2-10 资源管控模块

资源管控模块主要功能如下:

①查看应急事件的事件地点、事件影响范围、事件现场监控画面等实时信息。通过地理信息系统(GIS)等工具,实时查看事件发生的位置和地点信息。这可以帮助应急管理人员确定事件的具体位置,了解现场的地形地貌和周边环境,为决策提供参考。通过监测设备和现场调查,确定事件的影响范围,包括事件可能波及的区域和可能受到影响的人群。这可以帮助应急管理人员评估事件的严重程度和影响,为疏散和救援工作提供依据。通过大桥的监控系统,实时查看事件现场的监控画面,包括交通状况、设施运行状态、人员分布等情况。这可以帮助应急管理人员了解事件的实时情况,为决策提供准确的信息支持。

②查看现场管控模块发送的应急处置任务,根据任务内容配置任务执行所需的车辆、人员、设备物资。在应急事件发生后,通过现场管控模块获取应急处置任务的内容和要求,包括任务的目标、时间、地点、资源需求等。这可以帮助应急管理人员了解任务的具体情况,为后续的资源调配和任务执行提供依据。根据任务的需求和车辆的实际情况,对应急车辆进行合理调配,确保任务所需的车辆数量和类型能够满足要求。同时,需要对应急车辆的状态进行检查和维护,确

保车辆在任务执行过程中的安全性和可靠性。根据任务的需求和人员的专业能力,对人员进行合理配置,确保任务中的人员数量和技能水平能够满足要求。需要对人员进行安全培训和技能提升,提高人员在任务执行过程中的安全意识和专业能力。根据任务的需求和设备物资的实际情况,对应急设备物资进行准备和调配,确保任务中的设备物资数量和质量能够满足要求。需要对设备物资进行检查和维护,确保设备物资在任务执行过程中的安全性和可靠性。

③查看系统计算生成的应急处置资源调度路线。利用应急处置系统的计算能力,对资源调度路线进行计算和优化。这包括根据任务需求、交通状况、道路状况等因素,计算出最佳的资源调度路线和时间,根据系统计算的结果,规划出应急资源调度的最佳路线。这个过程需要考虑交通拥堵、道路状况、安全风险等因素,确保资源能够尽快到达应急现场。在实际情况中,由于交通状况、安全风险等因素的变化,需要对资源调度路线进行实时调整和优化。这需要对应急管理人员进行及时的反馈和决策,确保资源能够准时到达应急现场。资源调度过程中,对应急资源的实际路线进行实时监控和跟踪,确保资源能够按照规划的路线到达应急现场。同时,对应急资源的实际到达情况进行及时的反馈和报告,为应急处置任务的执行提供支持。

④查看资源调度响应情况,跟踪调度进度,确认资源按时到达任务地点。对资源的调度情况进行实时监控,了解资源是否已经接受调度指令,是否已经出发前往任务地点。对资源的实际响应情况进行评估和反馈,为决策提供参考和支持。对资源的调度进度进行实时跟踪和监控,了解资源是否按照规划的路线前进,是否遇到交通拥堵或其他障碍。同时,根据实际情况对调度进度进行调整和优化,确保资源能够按时到达任务地点。在资源到达任务地点后,对资源的到达情况进行确认和报告。这包括确认资源是否按时到达,是否符合任务需求,以及是否做好投入应急处置任务的准备。

(3)交通管控模块(图5.2-11)。

该模块主要负责在应急处置过程中,对沿线交通进行管控,确保资源管控模块调度的应急处置资源不受异常交通影响,可以快速、顺利地抵达处置现场,即保障救援通道畅通。该模块可以为应急处置的有效展开提供交通保障。

图 5.2-11　交通管控模块

交通管控模块主要作用如下：

①与现场管控模块进行事故现场交通管控衔接，确保管控现场的交通安全。应急管理人员与现场建立有效的通信联系，共同协商和确定交通管控方案和措施。可以通过无线通信、电话、对讲机等多种方式进行联系和协调。不论是采取交通疏导措施还是采取交通管制措施都需要对应急管理人员和现场管控模块进行协调和安排。

②保障应急资源赶赴现场的交通条件，确保救援通道畅通。在应急处置过程中，确保通往现场的道路畅通，无交通拥堵或障碍。需要应急管理人员及时掌握道路交通情况，采取相应的措施，如清理道路障碍、疏导交通等。事先规划好救援通道，包括最佳路线、应急避难场所等。在应急事件发生时，能够快速、准确地组织救援力量到达现场。及时向公众发布事故信息和交通管控措施，引导公众合理出行，避免拥堵和事故的发生。可以通过媒体、交通广播、官方网站等多种渠道进行发布。与交警、交通管理部门等有关部门建立联系，进行交通调度和协同配合，确保救援通道畅通无阻。

③确保辖区内事故影响区域社会车辆交通秩序。在事故现场周围设置交通标志、警示牌等设施，引导车辆和人群绕行或停留，避免交通拥堵和混乱。在现场附近的关键位置设置交通指挥人员，引导车辆和人群避让事故现场，确保救援

车辆和人员能够快速到达现场。根据实际情况,制定临时交通安排,包括调整交通信号灯、设置临时车道等,确保车辆和人群能够有序通行。

④根据现场交通管制需求进行交控机电设备控制指令下发。应急管理人员根据事故现场的情况和交通状况,明确交通管制的需求和目标,为下发控制指令提供依据。通过操作交控机电设备控制系统,如交通信号控制器、监控摄像头等,对设备进行远程控制和调节。在下发控制指令后,应急管理人员需要实时监控机电设备的运行情况和交通状况,根据实际情况进行及时的调整和优化,确保交通管制效果达到预期目标。

(4)指挥总览模块(图 5.2-12)。

总体指挥把控应急的全局。因此,负责该模块的工作人员具备处理各子业务的能力和知识,进而具备在子业务之间协调的能力。为确保整体指挥的正确、有效,避免子业务处置对全局的影响,负责该模块的工作人员原则上不处理子业务的具体操作,只关注整体以及各子业务之间的协调,追求整体处置的高效与正确。

图 5.2-12　指挥总览模块

指挥总览模块主要功能如下:

①关注事态变化:查看事件处置相关信息,包括事件位置、事件方向、影响范围、伤亡人数、处置进度、事件持续时长、剩余时长等。通过地理信息系统等工具,实时查看事件发生的位置和地点信息,包括经纬度、周边环境等,有助于了解事件的严重程度和影响范围。持续关注事件的发展方向,包括事件的运动轨迹和速度等,可以帮助决策者判断事件的未来发展趋势,及时调整应急处置方案。

了解事件的影响范围,包括受影响的人群、区域和基础设施等,有助于确定应急资源的调配和行动方案。影响范围的信息可以通过现场调查、监测设备和数据分析等方式获取。实时关注伤亡人数的变化,及时掌握伤亡情况,为决策提供参考和支持。了解事件处置的进展情况,包括已经采取的措施、取得的成果等,有助于评估应急处置的效果和调整方案。处置进度可以通过现场报告、监控系统和数据分析等方式获取。了解事件的持续时长和剩余时长,可以帮助决策者判断事件的紧急程度和发展趋势,为资源调配和行动方案提供参考。

②信息报送与协调:通过对现场事件变化的实时监测,评估事件处置态势,及时向上级部门机关报送处置信息,与同级协同处置机构及时交换信息协调资源。根据实时监测获取的信息,对事件进行评估,包括事件的严重程度、影响范围、持续时间等。及时将事件评估结果和处置信息向上级部门报送,让上级部门了解事件情况和应急处置的进展,以便做出相应决策和资源调配。在应急处置过程中,与同级协同处置机构及时交换信息,协调资源,确保应急资源的合理分配和有效利用。资源协调包括协调人员、物资、设备等。

③救援进度管控:关注救援处置进度,查看事件处置过程各环节的任务详情,包括任务内容、任务执行状态、任务负责人等。了解每个救援任务的具体内容和要求,包括救援目标、任务目的、实施方案等。这有助于使应急管理人员对救援进展有清晰的认识,并能够根据实际情况调整任务要求和优先级。实时监控任务的执行状态,包括已分配任务、正在执行任务、已完成任务等,以便及时了解任务的进展情况和可能遇到的问题。通过与现场指挥人员沟通,可以及时调整任务安排和调配资源。明确每个救援任务的负责人和责任人,确保在任务执行过程中出现问题时能够迅速找到责任人进行沟通和协调。同时,通过对应急管理人员的调度和分工,可以实现资源的优化配置和高效利用。

④解决关键障碍:针对事件处置过程中任务指令执行出现异常的环节,可进行点对点沟通,了解现场情况,指导业务优化。在应急处置过程中,及时识别任务指令执行出现异常的环节,并确定这些异常环节对整个处置过程的影响。与出现异常的环节进行点对点沟通,了解现场情况,掌握异常环节的详细信息,以便找出问题的根源。对收集到的信息进行分析,找出导致异常的关键因素,并评估这些因素对整个处置过程的影响。根据分析结果,制定解决方案,包括指导业

务优化、调整任务指令、增加资源等,以确保异常环节得到有效解决。

⑤控制救援成本:可对事件处置结果进行成本评估,防止救援资源的过度调用。根据事件的发展态势和实际需要,合理调配各类救援资源,避免资源的过度集中或浪费。这包括对人员、物资、设备等资源的调度和分配,确保在最需要的地方投入最多的资源。在救援行动过程中,实时监控各项费用的支出情况,根据实际情况,不断优化和调整救援方案,减少不必要的资源消耗和费用支出。包括优化救援策略、改进救援技术、简化操作流程等,以提高救援效率,降低成本。

(5)应急预案管理模块(图5.2-13)。

为迅速有效地处理可能发生的突发交通安全事故,全面提高应急救援快速反应能力和协调水平,最大限度地降低突发事故的危害程度,针对14类突发事件制定对应的应急处置预案,该模块可对应急预案进行统一化管理。

图5.2-13 应急预案管理模块

应急预案管理模块主要包含以下功能:

①具备对应急预案的增、删、改、查功能。系统能够添加新的应急预案,包括预案名称、等级、适用范围、应对措施等基本信息。增加功能可以帮助应急管理部门在面对新情况或紧急事件时快速创建和发布应急预案。系统能够删除不再适用的应急预案,以保持预案库的有效性。删除功能适用于预案过期或已被替代的情况。系统能够修改现有应急预案的信息和内容,包括预案名称、等级、适用范围、应对措施等。修改功能可以帮助应急管理部门及时更新和调整应急预案,以适应不断变化的应急需求。系统能够查询和检索应急预案的相关信息,包括预案名称、等级、适用范围、应对措施等。查询功能可以帮助应急管理部门快

速查找和获取所需的应急预案,为决策和应对提供支持。

②预案的导入、导出功能。能够将外部的预案文件导入到应急预案管理系统中。这些预案文件可以是不同格式的文档,包括但不限于 Word 等。导入功能可以帮助应急管理部门将已有的应急预案导入系统,进行统一管理和使用。能够将系统中的预案文件导出到外部。这些预案文件同样可以是不同格式的文档,以便于跨部门、跨地区、跨组织之间共享和传递。导出功能可以帮助应急管理部门将应急预案分享给其他部门、组织或个人,实现资源的共享和协作。

③应急预案的自动推荐权重设置功能。根据事件的类型、规模、危害程度等特征,预设相应的推荐条件。例如,对于某种特定类型的事件,系统可以只推荐与之相关的应急预案;对于大规模事件,系统可以优先推荐高等级的预案。根据预案的重要性和优先级设置相应的权重。权重可以基于预案的关键要素设置,如目标受众、资源需求、时效性等,以及事件的相关信息,如危害程度、影响范围、可能后果等。根据算法计算和权重设置,系统自动生成推荐结果,包括推荐的预案名称、等级、适用范围等。应急管理部门可以根据推荐结果,快速选择和启动相应的应急预案。

(6)事件及归档管理模块(图 5.2-14)。

事件管理的目的是检测并记录事件发生后在系统应对事件的过程中制定的一系列应急措施、执行处理过程、事后恢复工作情况、投入成本统计等信息,通过记录的数据对事件进行复盘总结,以提高对突发事件发生的预见能力,救援能力和事后的恢复能力。

图 5.2-14　事件及归档管理模块

事件及归档管理模块主要包含以下功能：

①事件的查询、导出功能。通过系统提供的搜索框或筛选条件，输入或选择特定的事件信息，如事件发生时间、地点、类型、责任单位等，进而查询符合条件的事件。查询结果可以包括事件的详细信息，如事件描述、处理措施、相关附件等。将查询结果导出为常见的数据格式，如 Excel 等。导出的内容可以包括事件的所有信息，如事件 ID、发生时间、地点、类型、责任单位等。导出的功能可以帮助用户进一步处理和分析事件信息，或将信息分享给其他部门或组织。

②事件详情的记录、查看。系统能够提供各种信息输入和记录的方式，让用户详细记录事件的各种信息和细节。这些信息可以包括事件的发生时间、地点、类型、责任单位、事件描述、处理措施、相关附件等。用户可以根据实际情况补充和更新事件信息，确保信息的准确性和完整性。系统能够提供各种信息展示和查看的方式，让用户方便快捷地查看事件的各种信息和细节。用户可以根据自己的需求和权限，查看不同范围和层次的事件信息。例如，用户可以查看某个特定事件的详细信息，也可以按照某种条件筛选和查看一组事件的信息。

③根据记录的事件相关信息，自动生成应急处置报告，应急处置报告可查阅、导出。系统将采集的信息进行进一步的处理和整合，根据预设的报告模板或规则，将相关信息填充到报告中。通过系统内置的报告生成算法或规则，根据处理后的信息自动生成应急处置报告。可以在系统中查阅自动生成的应急处置报告，并可以将报告导出为常见的文档格式，以便进一步编辑和分享。

④事件处置所投入的时间成本、人力成本、直接经济成本的统计。系统可以统计和记录在事件处置过程中所投入的时间、人力成本。包括应急管理部门在响应、处理、恢复事件过程中所花费的时间，以及相关人员参与事件处置的时间；可以统计和记录在事件处置过程中所投入的人力成本。包括参与事件处置的应急管理人员、物资资源、专家资源等。系统可以统计和记录在事件处置过程中所投入的直接经济成本。这包括用于采购、租赁应急处置所需的物资、设备等费用，以及应急管理部门在事件处置过程中的其他直接经济支出。

⑤事件归档保存功能，可查询、导出、下载事件相关的资料文件信息。系统可以记录和保存事件的相关信息，包括事件的发生时间、地点、类型、责任单位、

事件描述、处理措施、相关附件等。用户可以根据需要自定义归档内容,确保重要信息不被遗漏。可以通过系统提供的搜索框或筛选条件,输入或选择特定的事件信息,查询符合条件的事件。查询结果可以包括事件的详细信息,如事件描述、处理措施、相关附件等。将查询结果导出为常见的数据格式,如 Excel 等。导出的内容可以包括事件的所有信息,如事件 ID、发生时间、地点、类型、责任单位等。通过系统下载事件相关的资料文件信息。这些资料文件包括但不限于事件的详细记录、相关报告、证据等。

5.2.3 应急资源管理系统

应急资源管理系统是应急处置系统的伴生系统,有着相辅相成的关键作用,主要负责对应急资源的统一管理、日常维护工作。系统核心模块包含应急人员管理、应急车辆管理、应急物资管理、值班考勤管理、资源调度记录、应急资源统计等。通过对资源的统一化管理,显著提高了日常资源管理维护的效率。

1)应急资源管理系统技术框架

应急资源管理系统技术架构如图 5.2-15 所示,主要分四层描述:①基础服务;②存储层;③服务层;④应用层。其中基础服务描述系统运行所需要的基础服务建设和设置,包括更新事项提醒等,为系统搭建提供支撑。存储层描述系统所采用的数据存储方式,包括关系型数据存储 MySQL。服务层描述系统所采用的服务组件及类型,包括部署服务采用 Tomcat,推送服务 Mpush,业务组件采用 SSM、Flyway 等。数据接口采用 WebService、RESTful。应用层描述系统应用采用的核心技术栈,如 Angular、Ireport、Echarts 等。

2)功能实现

该系统具备两个功能,一是在日常阶段登记、统计、可视化应急资源的类型、数量、状态等核心信息,以实现应急资源的数字化与常态化管理,二是在应急阶段为应急决策支持算法提供数据支撑,如资源配置优化算法、交通管控决策算法等。

(1)应急资源管理模块。

应急资源管理模块主要用于对系统内已经录入的应急资源进行整体的归属分类,以便在突发事件发生时能够快速、准确、高效地调度和利用资源。

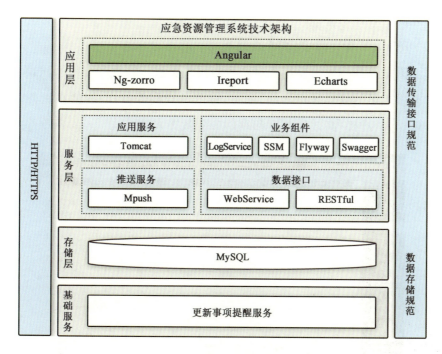

图 5.2-15　应急资源管理系统技术架构图

根据资源的属性不同,可以将应急资源划分为不同的类别和级别。一般来说,应急资源的类别包括:人力资源,包括消防、医疗、救援、志愿者等各类应急救援人员;物资资源,包括食品、水、医疗用品、救援设备等各类应急物资;场地资源,包括临时安置点、避难所、救援基地等各类应急场地;交通运输资源,包括车辆、飞机、船舶等各类应急交通工具;信息资源,包括应急预案、应急知识、应急信息等各类应急信息。

针对不同的资源类别和级别,应急资源管理模块支持对资源类别信息的增、删、改、查等操作。具体来说,具备以下功能:

①增加新的资源类别,当出现新的应急资源类别时,系统能够增加新的类别,并为其设置相应的属性和属性值。

②删除不再需要的资源类别,当某个资源类别不再需要时,系统能够将其删除,并释放相应的资源空间。

③修改已有资源类别的属性,当某个资源类别的属性需要修改时,系统能够对其属性进行修改,以保证其与实际情况的一致性。

④查询资源类别信息,当需要对某个或某类资源的信息进行查询时,系统能

够提供相应的查询功能,以便快速获取所需的信息。

(2)应急人员管理模块(图5.2-16)。

应急人员管理模块主要用于对应急救援人员进行管理和维护。该模块可以对应急救援人员的信息进行增加、删除、修改和查询等操作,以便在突发事件发生时能够快速、准确、高效地调度和利用应急救援人员。

图5.2-16　应急人员管理模块

在应急人员管理模块中,可以对应急救援人员进行详细的分类和描述,包括以下方面:

①人员类别,根据应急救援人员的不同职责和技能,可以将人员划分为不同的类别,例如消防员、医疗人员、救援人员、志愿者等。

②所属部门,描述应急救援人员所属的部门或组织,例如消防局、医疗中心、救援队等。

③人员类别职能,描述应急救援人员的职责和技能,例如消防员的灭火技能、医疗人员的急救技能等。

④添加时间,记录应急救援人员信息添加到系统的时间。

⑤变更时间,记录应急救援人员信息最后一次修改的时间。

针对以上信息,应急人员管理模块支持对人员类别信息的增、删、改、查等操作。具体来说,具备以下功能:

①增加新的应急救援人员信息,当有新的应急救援人员加入时,系统能够增加新的应急救援人员信息,包括人员类别、所属部门、人员类别职能、添加时

间等。

②删除应急救援人员信息,系统能够删除应急救援人员信息,并释放相应的资源空间。

③修改已有应急救援人员的信息,当某个应急救援人员的信息需要修改时,系统能够对其信息进行修改,以保证其与实际情况的一致性。

④查询应急救援人员信息,当需要对某个或某类应急救援人员的信息进行查询时,系统能够提供相应的查询功能,以便快速获取所需的信息。

(3)值班考勤管理模块(图5.2-17)。

值班考勤管理模块主要用于对各个部门的月度排班、领导轮值、周末轮值进行计划安排、复核、审批、签发执行,以及统计已经在执行的计划中应值班人、实际值班人信息,记录每日打卡记录、日考勤统计,以及月考勤统计情况。

图 5.2-17　值班考勤管理模块

具体来说,值班考勤管理模块具备以下功能:

①月度排班计划,针对每个部门进行月度排班计划,可以根据部门的工作需要和人员安排,制定相应的排班计划。

②领导轮值计划,针对领导人员进行轮值计划,可以根据领导的日程安排和工作需要,制定相应的轮值计划。

③周末轮值计划,针对周末情况进行轮值计划,可以根据周末的值班需要和工作需要,制定相应的轮值计划。

④计划复核,对排班计划进行复核,确认排班计划的合理性和准确性。

⑤计划审批,对排班计划进行审批,确认排班计划是否符合相关规定和要求。

⑥计划签发执行,对审批通过的排班计划进行签发执行,确保排班计划的顺利实施。

⑦应值班人统计,统计已经在执行的计划中应值班人员信息,以便对应急值班人员进行调度和管理。

⑧实际值班人统计,统计已经在执行的计划中实际值班人员信息,以便对应急值班人员进行调度和管理。

⑨每日打卡记录,记录每日的打卡记录,以便对应急值班人员的出勤情况进行记录和管理。

⑩日考勤统计,对应急值班人员的出勤情况进行日考勤统计,以便对应急值班人员的出勤情况进行记录和管理。

(4)应急车辆管理模块(图5.2-18)。

应急车辆管理模块是应急管理系统的重要组成部分,主要用于对车辆类别和类型进行管理,配置车辆类别名称、车辆类型名称、车辆功能、车辆用途、添加时间、变更时间,并对系统录入的车辆信息进行维护管理,支持增加、删除、修改和查询等操作。

图5.2-18 应急车辆管理模块

具体来说,应急车辆管理模块具备以下功能:

①增加新的车辆类别,当有新的车辆类别加入时,系统能够增加新的车辆类别,并为其设置相应的属性和属性值。

②删除不再需要的车辆类别,当某个车辆类别不再需要时,系统能够将其删除,并释放相应的资源空间。

③修改已有车辆类别的属性,当某个车辆类别的属性需要修改时,系统能够对其属性进行修改,以保证其与实际情况的一致性。

④查询车辆类别信息,当需要对某个或某类车辆的信息进行查询时,系统能够提供相应的查询功能,以便快速获取所需的信息。

同时,应急车辆管理模块对系统录入的车辆信息进行维护管理,包括以下方面:

①车辆信息维护,对应急车辆的信息进行增加、删除、修改和查询等操作,包括车辆的名称、编号、品牌、型号、购买时间、使用年限、车辆状态等。

②车辆类别信息维护,对应急车辆的类别信息进行增加、删除、修改和查询等操作,包括车辆类别的名称、描述、属性等。

③车辆类型信息维护,对应急车辆的类型信息进行增加、删除、修改和查询等操作,包括车辆类型的名称、描述、属性等。

④车辆功能信息维护,对应急车辆的功能信息进行增加、删除、修改和查询等操作,包括车辆的功能描述、功能类别、功能用途等。

⑤车辆用途信息维护,对应急车辆的用途信息进行增加、删除、修改和查询等操作,包括车辆的用途描述、使用领域等。

(5)应急物资管理模块(图5.2-19)。

应急物资管理模块主要用于对物资类别和类型进行管理,配置物资类别名称、物资类型名称、物资用途、是否为消耗品、添加时间、变更时间,并对系统录入的物资信息进行维护管理,支持增加、删除、修改和查询等操作。

具体来说,应急物资管理模块具备以下功能:

①增加新的物资类别,当有新的物资类别加入时,系统能够增加新的物资类别,并为其设置相应的属性和属性值。

②删除不再需要的物资类别,当某个物资类别不再需要时,系统能够将其删除,并释放相应的资源空间。

图 5.2-19　应急物资管理模块

③修改已有物资类别的属性,当某个物资类别的属性需要修改时,系统能够对其属性进行修改,以保证其与实际情况的一致性。

④查询物资类别信息,当需要对某个或某类物资的信息进行查询时,系统能够提供相应的查询功能,以便快速获取所需的信息。

同时,应急物资管理模块还对系统录入的物资信息进行维护管理,包括以下方面:

①物资信息维护,对应急物资的信息进行增加、删除、修改和查询等操作,包括物资的名称、编号、规格、数量、生产厂家、采购日期、有效期等。

②物资类别信息维护,对应急物资的类别信息进行增加、删除、修改和查询等操作,包括物资类别的名称、描述、属性等。

③物资类型信息维护,对应急物资的类型信息进行增加、删除、修改和查询等操作,包括物资类型的名称、描述、属性等。

④物资用途信息维护,对应急物资的用途信息进行增加、删除、修改和查询等操作,包括物资的用途描述、使用领域等。

⑤是否为消耗品信息维护,对应急物资是否为消耗品进行标记和管理,包括是否为消耗品的标记、使用次数等。

(6)资源调度记录模块(图 5.2-20)。

资源调度记录模块主要用于对已经录入系统的人员、车辆、物资的调度情况进行统计和管理。通过资源调度记录,我们可以清楚地了解各种应急资源的调度情况,包括调度的时间、部门、事件等,从而更好地对应急救援工作进行协调和指挥。

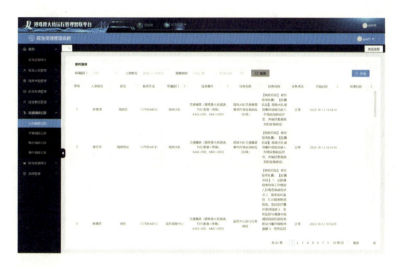

图 5.2-20 资源调度记录模块

具体来说,资源调度记录模块具备以下功能:

①筛选查询,可以根据部门、调度时间等条件进行筛选查询,以便快速获取所需的信息。例如,我们可以查询某个部门在某个时间段内调度的人员、车辆、物资信息,或者查询某个事件下所调度的人员、车辆、物资信息。

②事件维度统计,可以从事件的维度进行统计,展示出当前选中事件下所调度的人员、车辆、物资信息。例如,可以统计某个事件中调用了多少人员、车辆、物资,以及这些资源的具体调度情况。

③数据展示,在数据展示方面,资源调度记录模块能够清晰地展示出人员、车辆、物资的调度情况,包括人员的姓名、职务、调度时间,车辆的编号、品牌、型号、调度时间,物资的名称、规格、数量、调度时间等信息。

④数据导出,资源调度记录模块还支持将统计结果导出为常见的数据格式,例如 Excel 表格,以便后续进一步的数据分析和处理。

(7)应急资源统计模块(图 5.2-21)。

应急资源统计模块主要用于对整个机构的人员、车辆、物资储备量进行统计和分析。通过应急资源统计模块,我们可以全面了解机构的各种应急资源的储备情况,以便更好地进行资源的规划和调度,满足应急救援工作的需求。

图 5.2-21　应急资源统计模块

具体来说,应急资源统计模块具备以下功能:

①筛选统计,可以通过部门、变更时间等条件进行筛选,对人员、车辆、物资进行分项统计。例如,可以统计某个部门的人员、车辆、物资的储备量,或者统计某个时间段内人员、车辆、物资的变更情况。

②综合统计,可以按照部门、变更时间等条件对人员、车辆、物资进行综合统计,以便了解整个机构的资源储备情况。例如,可以统计机构的总人员数量、车辆数量、物资数量,以及它们的变更情况。

③数据展示,应急资源统计能够清晰地展示人员、车辆、物资的储备情况,包括人员的姓名、职务、数量,车辆的编号、品牌、型号、数量,物资的名称、规格、数量等。

④数据导出,应急资源统计支持将统计结果导出为常见的数据格式,例如 Excel 表格,以便后续进一步的数据分析和处理。

(8)系统管理模块(图 5.2-22)。

系统管理模块负责控制和管理工作人员的登录系统、用户的角色和权限、系统操作记录、系统组织架构以及人员、车辆和物资的基础属性信息。通过系统管理模块,我们可以对系统用户进行个性化配置,以满足不同用户的需求。

第5章 港珠澳大桥智能化应急系统设计与实现

图 5.2-22　系统管理模块

具体来说,系统管理模块具备以下功能:

①登录系统人员管理,系统管理模块可以管理可以登录系统的人员信息,包括用户名、密码、邮箱等。可以通过添加、删除、修改用户信息来控制谁能登录系统。

②用户角色权限管理,系统管理模块可以创建和管理不同角色的用户,并为每个角色分配不同的权限。这样可以确保系统的安全性,避免未经授权的用户访问敏感信息。

③系统人员操作记录管理,系统管理模块可以记录每个用户在系统中的所有操作,包括登录、退出、修改信息等。这样可以方便后续的审计和追踪,确保系统的安全性。

④系统组织架构管理,系统管理模块可以管理系统的组织架构,包括部门、岗位、人员关系等。这样可以方便对人员、车辆和物资的信息进行管理和查询。

⑤人员、车辆和物资基础属性信息配置管理,系统管理模块可以配置人员、车辆和物资的基础属性信息,包括姓名、性别、年龄、车牌号、车型、物资类型等。这些信息是应急管理的基础数据,对于应急响应的效率和准确性至关重要。

5.2.4　应急单兵系统

此外应急处置系统根据应急系统需求,配置有一款应急单兵系统,主要用于日常人员管理、物资巡查管理,在应急事件发生时下发应急处置任务指令、确认作业任务、上报作业结果、上报事件等。通过单兵设备可以及时获取工作人员的位置信息以及工作状态。

应急处置任务经专用网络或移动网络，直接发送至路政、养护、救援、消防、医疗等部门一线人员随身配备的单兵系统。各部门人员按照任务内容即可快速携带相关设备物资前往任务地点展开应急处置。

处置任务下发至单兵系统后，单兵对任务进行确认，后续记录任务各个节点的数据，单兵可以与应急系统进行交互，通过语音通话、视频通话等形式实时反馈现场数据，应急单兵系统部分操作界面如图 5.2-23 所示。

登录界面　　　任务详情　　　视频通话　　　消息记录

图 5.2-23　应急单兵系统部分操作界面

5.2.5　平行推演系统

1) 平行推演系统技术框架

港珠澳大桥应急培训与演练体系是保障港珠澳大桥的安全营运、保障出行安全的重要力量。在应急培训与演练体系构建中，汇聚国内外先进经验，引入大桥深度平行建模技术、虚拟现实技术、人机交互技术、大数据处理与共享技术等先进技术，以真实性、高效性、针对性、合理性为目标，本着客观、全面、系统的宗旨，运用闭环管理理念，建立了一套先进、健全的应急培训与演练体系，以期对应急培训、演练形成客观、准确的认知，为港珠澳大桥应急管理的科学化与现代化提供借鉴。

该体系包括应急培训与演练体系及技术支撑体系两方面。其中应急培训演练体系主要由衔接应急管理体系、应急培训演练、应急数据交互与技术支撑以及应急管理预案优化与管理工作完善组成，系统架构如图 5.2-24 所示。

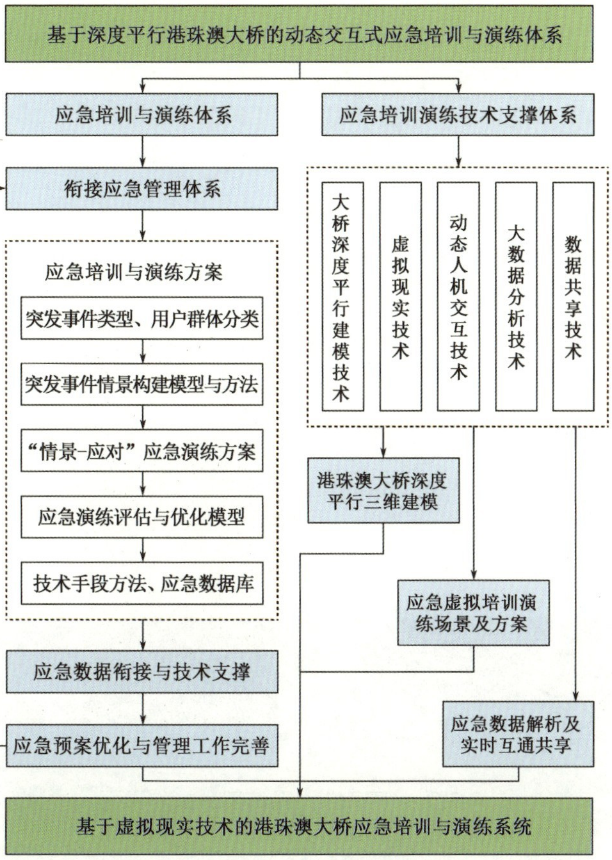

图 5.2-24　平行推演系统架构图

2) 功能实现

演练功能面向演练业务管理人员以及参加演练的一般人员，既为演练业务管理人员提供演练计划、演练控制、演练评估等管理工作的功能，也为一般演练人员提供多种形式多种典型突发事件场景下的单人应急演练、多人动态交互式应急演练功能，覆盖应急演练从计划、演练、控制、评估优化的演练全过程。演练功能主要包括 VR 演练、桌面演练、演练评估及方案发布、演练管理等功能。

从系统架构看，根据开发需要，VR 演练功能采用 C/S(Client/Server) 架构设计开发实现，其余功能采用 B/S(Browse/Server) 架构开发实现。系统界面如图 5.2-25 ~ 图 5.2-28 所示。

图 5.2-25　桌面演练管理界面

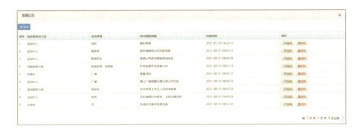

图 5.2-26　桌面演练推演记录界面

图 5.2-27　典型突发事件交互式 VR 应急演练系统

图 5.2-28　应急演练评估列表界面

本系统采用 3DsMax、Revit、Maya 软件构建港珠澳大桥及附属设施三维实景模型,创建虚拟人物车辆、应急物资及装备储备等实物模型,导入 Unity3D 开发引擎,形成突发事件虚拟场景,采用 MySQL 数据库技术设计应急预案数据库,以 C/S 开发架构,研发了一套基于数字港珠澳大桥的动态交互式虚拟应急演练系统,部分界面如图 5.2-29~图 5.2-33 所示。

图 5.2-29　虚拟应急演练系统界面

图 5.2-30　虚拟应急演练系统大桥基础设施设备界面

图 5.2-31　虚拟应急演练系统大桥火灾事故界面

图 5.2-32　虚拟应急演练系统现场围蔽界面

图 5.2-33　虚拟应急演练系统演练评估界面

5.3　港珠澳大桥智能化应急系统案例实施——以社会车辆道路交通事故为例

5.3.1　道路交通事故系统处置思路

　　桥上交通事故包含桥面以上包括桥、岛、隧发生的社会车辆交通事故和营运车辆行车安全事故，基于事件类型、严重程度、可控性、影响范围及应急处置能力等因素，对于事故的处置建立一个经验库，实现对于桥上交通事故场景下，与事故关联的组织、人员、车辆、物资的调用，配置单位人员不同场景下（触发条件）的物资配置规则。桥上交通事故应急处置知识经验库，主要由处置对象、触发条件、任务、处置主体配置、物资配置、交通事故现场处置工作流程等细则构成。

　　（1）处置对象：交通事故发生后，主要包含报警信息、事故信息、交通事件（本身）、交通流、事件现场、滞留车辆、滞留人员、事故车辆、伤员等需要进行处置的对象。

(2)触发条件:交通事故的发生,通常是由复杂的、动态的多种因素造成的,并且可能诱发一些伴生事故。根据触发条件的属性、影响程度和关联程度,将触发条件可分为内部触发条件和外部预案触发条件。

内部触发条件是指对于整个事件处置流程以及救援力量影响程度较小的因素,不影响事件类型判定,在桥上交通事故应急事件下,主要包含报警信息、响应级别、滞留人员、人员伤亡、隧道路段、火情、抛撒物类型、故障车辆、后勤保障和召开新闻发布会。条件触发后,实现对于救援力量和救援物资的调整。

外部预案触发条件是指单一桥上交通事故事件只是整个事件处置中的一部分,事件处置过程关联到其他的事件处置预案。交通事故的出现往往需要响应其他预案,如车辆人员疏散、火灾事故等。

(3)任务:包含任务名和任务对象两部分。任务名是需要执行的具体任务,主要包含:接警→警情确认→警情上报→应急响应→交通管控→现场救援→伤员抢救→滞留人员转运→故障车辆托运→抛撒物处理→解除管控→新闻发布会。任务对象主要是任务的具体处置对象,主要包含:报警信息→拥堵事件→可变信息标志、可变限速标志、车道指示灯→管制点→事件现场→滞留车辆/人→伤员/故障车→抛撒物。

(4)处置主体配置:包含信息互通部门、执行主体及辅助力量三部分。信息互通部门是处置过程中信息指令的接收方和发送方,用以传递应急过程中的信息指令。执行主体是进行应急救援的主体力量,监控中心、调度中心、管理局应急指挥中心、应急指挥中心办公室负责应急响应,交警、路政、医疗、消防(火灾)警戒疏散与设施管控小组、抢险救援小组、恢复保通小组、养护小组负责交通管控、现场处置、应急疏散等任务。辅助力量则是为应急救援提供支持与保障的力量,如专家咨询组、新闻发布小组和应急保障小组。

(5)物资配置:针对交通管控和抢险救援任务,执行主体所需配置的物资主要包含对讲机、交通指挥棒、锥形桶、巡逻车、警示牌、爆闪灯、扩音器、反光背心、警示牌、执法记录仪等物资。以及针对救援场景下物资,主要有灭火器、撬棍、绝缘手套、铁锹、扫帚、担架、防护服、医疗箱、消防车、救护车拖车、货车、人员转运客车、洒水车、清扫车等。

(6)交通事故现场处置工作流程:交通事故现场处置工作流程如图5.3-1所示。首先,监控调度中心接到事故信息,了解事故发生时间、具体地点(桩号)及行驶方向等信息;随后通知路政、交警、救援等相关人员前去处理,初步判定事故等级;通过控制机电设备进行现场道路交通管控,现场与指挥中心实现信息同步,判定是否需要救援、清障、人员转运、封路分流;最后事故处理完毕,恢复现场交通,编写事故报告,完成交通事故现场处置任务闭环。

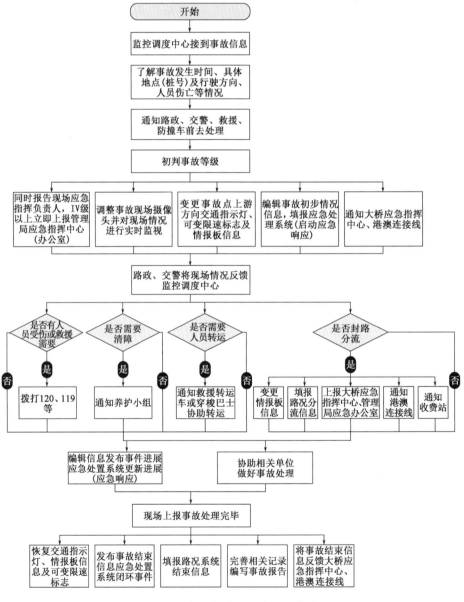

图 5.3-1　交通事故现场处置工作流程

5.3.2 道路交通事故系统处置步骤

（1）道路交通事故发生后，首先进行事件初报，然后工作人员结合现场音视频等录入事件基础信息，包括影响方向、影响车道、受伤人数、涉事车辆数、死亡人数、被困人数、滞留人数、是否起烟、是否有明火等。根据录入信息，系统会自动匹配事故应急响应等级。如图 5.3-2、图 5.3-3 所示。

图 5.3-2　事件基础信息配置

图 5.3-3　应急响应等级规则

（2）根据事态发展，系统可录入续报信息，根据上报信息，确认启动应急后，系统根据算法，通过智能研判推荐现场管控策略，工作人员根据实际情况选择并调用方案。如图5.3-4~图5.3-6所示。

图 5.3-4　事件续报信息配置

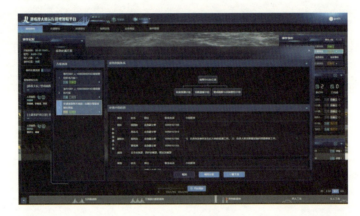

图 5.3-5　方案选择

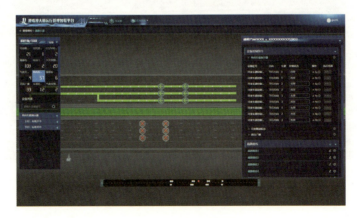

图 5.3-6　疏散方案

（3）现场管控模块疏散方案中，通过配置修改车道指示器、可变信息标志、可变限速标志等设备控制指令，疏散路线设置，启动疏散方案，并查看执行情况。如图 5.3-7 ~ 图 5.3-10 所示。

图 5.3-7　设备控制指令——单向车道指示器控制

图 5.3-8　设备控制指令——语音广播控制

图 5.3-9　设备控制指令——风机控制

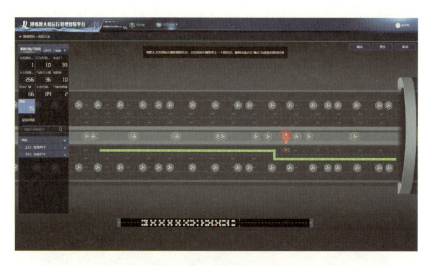

图 5.3-10　疏散路线绘制

(4)信息报送模块可编辑内、外部报送成员,报送方式(短信/单兵系统),事件时间,事件地点,事件类型,涉险总人数,事件简况说明等内容,如图 5.3-11 所示。

图 5.3-11　信息报送

(5)现场管控任务模块可以编辑包括任务名称、任务地点、任务方向、执行部门、任务内容、所需人员、所需车辆、所需物资情况。将任务细节发送给资源管控模块,系统可对子任务执行情况进行全程跟踪,对于任务执行者(如交警、路政、医疗等人员)的接报响应,处置动作过程,事件综合处置进度进行查看。如图 5.3-12~图 5.3-16 所示。

第5章 港珠澳大桥智能化应急系统设计与实现

图 5.3-12　现场管控任务

图 5.3-13　监控人员任务

图 5.3-14　交通救援大队人员任务

图 5.3-15　养护大队人员任务

图 5.3-16　任务详情

(6)资源管控系统下发事件处置需要的车辆分配、人员分配、物资分配详情。以车辆分配为例,获取当前车辆信息,包括车牌号、车辆类别、车辆类型、座位数、所在位置、事故距离、使用情况等,进行资源统一调配。如图 5.3-17~图 5.3-19 所示。

图 5.3-17　车辆分配

图 5.3-18　人员分配

图 5.3-19　物资分配

(7)交通管控模块,可对服务区、管控点、收费站以及可变限速标志、车辆指示器、电动门、交通信号灯相关设备进行远程配置操作,对交通事故点附近的车流进行疏散引导,对事故点上游的车辆进行拦截分流,避免过多车辆涌入事发区,影响交通事故现场的应急处置。如图 5.3-20 ~ 图 5.3-23 所示。

图 5.3-20　交通管控——可变信息标志管控

图 5.3-21　交通管控——可变限速标志管控

图 5.3-22　交通管控——服务区管控

图 5.3-23　管控点管控内容

（8）指挥总览模块中事件处置任务总览图，可以查看事件在响应阶段、处置阶段、恢复阶段各任务承接部门执行情况、完成情况；对各部门具体承担任务的个人进行现场连线，便于掌握事态进展。同时系统可以统计事件预计处置时长，实际处置时长,持续时长等信息。如图 5.3-24～图 5.3-26 所示。

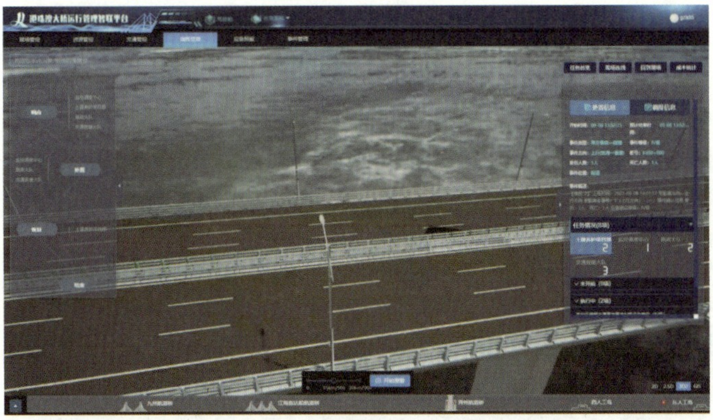

图 5.3-24　指挥总览——处置信息

图 5.3-25　事件处置任务总览

图 5.3-26　现场连线

(9)交通事故处置完毕,系统中事件管理模块,可以展示事件档案基本信息、事件影响、现场处置方案、交通管控方案、事件处置详情、任务处置详情、事件处置过程照片、事件现场监控视频、事件相关资料等细节;同时也可以进行事件成本统计(包括时间成本、人力成本等)、应急处置复盘,不断优化处置流程,提高处置效率。如图5.3-27~图5.3-32所示。

图 5.3-27　事件管理界面

图 5.3-28　事件详情

图 5.3-29　事件报告

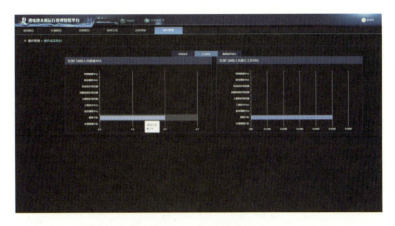

图 5.3-30　事件成本统计

图 5.3-31　事件应急复盘

图 5.3-32　事件归档

5.4 港珠澳大桥智能化应急系统应用展望与推广建议

5.4.1 系统应用展望

港珠澳大桥智能化应急系统应用展望,从数字化预案验证、规划建设应急案例库回溯系统两方面展开。

1)数字化预案验证

随着科技的不断发展,数字化预案验证未来有望在以下几个方面得到进一步的发展和推广:

(1)增加模型精度,未来的数字化预案验证将通过更精细的建模技术,提高模型的精度和逼真度。可能涉及更复杂的物理模型、更细致的灾害影响因素模型以及更真实的人员行为模型等。

(2)扩大应用范围,数字化预案验证未来有望从目前的应急预案验证扩展到其他领域,例如城市规划、工业流程控制等领域。可以使得数字化预案验证在更多的场合得到应用,提高其应用价值。

(3)加强与实际操作的结合,未来的数字化预案验证将更加注重与实际操作相结合,通过与现场演练、实时监测等数据的对比和验证,提高预案的准确性和可信度。

(4)引入人工智能技术,人工智能技术的引入将进一步增强数字化预案验证的能力。例如,可以使用机器学习和深度学习技术自动优化模型参数,提高模型的预测精度;可以使用自然语言处理技术,自动解析和处理大量预案文档,提高预案的自动化程度。

(5)实现预案的自动优化,未来的数字化预案验证将通过引入自动优化算法,实现预案的自动优化。例如,可以使用多目标优化算法,自动寻找最优的资源分配方案、最优的人员调度方案等,提高预案的效率和效果。

2)应急案例库回溯系统

建议未来规划一个多功能、多层次、全范围、可视化、可回溯、动态性的数字化应急案例库回溯系统。为港珠澳项目应急管理培训及演练提供权威、高效的、常态化的多媒体教学平台和强有力的技术支撑,为高速公路管理营运单位进行突发事件预防和处置提供决策咨询,为应急管理教学科研提供基础数据支撑,为管理营运单位进行应急管理学习提供科普平台,有利于系统地总结应急管理经验教训,有效传播公共安全意识。通过数字化应急案例库回溯,深切感受高速公路突发事件及其次生灾害的突发性、破坏性和震撼性以及其应对难度大、处置范围广、涉及单位多、影响范围广、持续时间长、协调指挥复杂等特点。提高各级管理营运人员和岗位人员的应急管理思想意识和业务技能。

基于三维虚拟仿真技术、情景驱动引擎技术和事故演化算法,融合现有应急业务数据和高速公路交通事故案例数据,实现高速公路重大或典型事故案例结构化管理和事故案例应急处置过程情景化复盘回溯分析、总结评价与案例式应急培训演练教学。建设重大典型突发事件案例数字化管理、灾害场景构建和应急处置情景驱动,实现对灾害场景发生、发展的过程规律及影响要素的时空四维场景还原,实现对突发事件应急处置过程按照应急主体、应急主题、应急阶段、现场处置过程的真实复现。建设情景式案例复盘与回溯,实现通过多维度、多视角对突发事件的预防与准备、监测与预警、信息处理与报送、指挥与救援、恢复与保畅等各关键点进行分析总结经验。建设案例式应急培训演练教学,实现参演学员通过多个视角了解灾害发展过程和各岗位各角色的应急处置全流程。为高速公路营运单位应急预案优化完善、人员应急培训演练提供真实、科学、直观的数据支撑。

5.4.2 推广建议

港珠澳大桥是世界上最长的跨海大桥之一,作为中国粤港澳大湾区的重要交通枢纽,其应急管理系统的推广具有重要意义。以下将从应急演练中心建设经验推广、行业标杆项目系统价值传递、媒体宣传和推广、示范工程和考察交流、推广智能化应急设备、加强国际合作与经验交流等方面提出推广建议,以进一步提高港珠澳大桥应急管理的水平。

1)应急演练中心建设经验推广

港珠澳大桥应急演练中心按照演练业务功能设计分为:导演席位、参演人员席位、单项作业技能综合演练席位、观摩人员席位。以固定的场所为基础,由计算机网络、高性能 PC 机、先进的 VR 设备、体感设备、行走模拟器、大屏幕、会议音响系统及办公桌椅等辅助设施组成。为培训人员、观摩人员提供高仿真、可操控、可交互、沉浸式的应急人员培训场所。可为相关部门建设应急演练中心提供参考经验。

2)行业标杆项目系统价值传递

(1)一分钟应急:系统一分钟内通过结合多种现实因素及决策系统,调用应急处置知识库内容,快速有效地形成应急处置方案并下发任务指令。

(2)动态、定制化制定处置方案、配置应急资源:因地制宜、因事施策,根据不同时空条件下出现的不同事故情况,实时生成最优方案,同时启动应急资源管理系统,及时合理配置应急资源,达到用的资源最少、处置速度最快,处理效果最好的目的。

(3)1:1 高速公路仿真系统:建立与真实系统 1:1 的数字化平行高速公路,建立涵盖人、车、路、环境的系统。

(4)自然灾害、火灾、危化品处理方案、知识储备:应急处置知识库中规则经验库,构建了 14 类不同时间类型的应急处置规则经验库,根据各种灾害体的演化特征及灾情触发条件,通过科学配置形成处置规则和经验知识。

3)媒体宣传和推广

利用各类媒体平台,如电视、报纸、互联网等,宣传和推广港珠澳大桥应急处置的成功经验。可以通过报道、专题节目、微博微信等途径,向公众普及应急知识和技能,增强公众的安全意识和应对能力。

4)示范工程和考察交流

编制具有实践指导意义的推广资料,如手册、指南、技术规范等。这些资料可以介绍港珠澳大桥应急处置的经验和做法,并提供实用的操作建议和技术要点,以供其他行业、地区参考和借鉴。邀请其他地区的相关责任单位进行港珠澳大桥应急处置工作的考察和交流。通过实地参观、座谈交流等形式,让他们了解港珠澳大桥应急系统的建设和运行情况,并分享经验和教训。

5) 推广智能化应急设备

随着科技的发展,智能化应急设备将成为提高应急管理效能的重要手段。港珠澳大桥应急系统的智能监测设备和告警系统可及时感知可能出现的问题,并快速发出警报;利用无人机、无人船和机器人等智能化设备进行巡检和搜救工作,减少人员的风险。因此,有必要推广引入这些智能化设备,并加强与相关企业和科研机构的合作,推动应急设备的创新和升级,不断适应应急新场景、新需求。

6) 加强国际合作与经验交流

港珠澳大桥作为国际交通枢纽,应急管理任务不仅涉及本地区,还需要考虑跨境合作和应对。因此,应加强与邻近地区和国际组织的合作与经验交流,学习借鉴他们在应急管理方面的成功经验和最佳实践,以提高港珠澳大桥应急管理水平。不断提高港珠澳大桥应急管理的水平,为大桥的安全营运和应急处置提供更有力的保障。这不仅有助于保障大桥的交通畅通、安全高效,也为粤港澳大湾区的发展带来更多机遇和福祉。